KB083769

어른이 된다는 것

우치다 타츠루 지음 | **송태욱** 옮김

서커스

차례

어른이 된다는 것

한국어판 서문

여러분, 안녕하세요. 우치다 타츠루입니다. 『어른이 된다는 것』을 구입해주셔서 감사합니다.

이 책의 초판이 나온 것은 2002년, 벌써 17년(!) 전의 일입니다. 수록된 글은 대부분 그 이전에 인터넷 홈페이지에 쓴 것이기에 오래된 글은 20년 이상이나 전에 쓴 것입니다. 일본인 독자가 읽어도 '아아, 옛날에 그런 일도 있었지……' 하고 눈을 지그시 감고 회고할 듯한 에세이를 다시 한국어로 번역하여 소개한다고 하니 현대의 한국 독자에게 도움이 될까, 하는 생각에 좀 걱정이 되기도 합니다.

그래도 서커스출판상회에서 '번역하고 싶다'고 결정했다는 것은 그 안에 '지금의 한국 독자가 읽었으면 좋겠다'고 생각한

식견이 포함되어 있기 때문이라고 생각합니다.

그런데 그건 뭘까요?

'한국어판 서문'으로서, 그것에 대해 잠깐 사견을 말해두고 싶습니다.

『어른이 된다는 것』*이라는 제목에 들어 있는 '아저씨'라는 말은 단행본 후기에서 잠깐 설명한 것처럼 전후 일본, 그것도 1950년부터 1960년대 중반쯤까지 제 주위에 있던 '근면하고 민주적이며 평화를 사랑하고 가족을 생각하는 일본의 평범한 남자'라는 뜻입니다.

그런 '아저씨'들이 어떤 시대에는 비교적 표준적인 '어른'이었는데 어떤 시기부터 홀연 모습을 감추었습니다. 저는 그렇게 느낍니다. 그리고 '아저씨'들의 소멸을 무척 안타깝게 생각합니다. 이 책은 '지금은 별로 볼 수 없게 된, 전후의 일본 사회에 한동안 있었던 그런 아저씨들'에 대한 저의 친애와 연대 표명입니다.

일본의 가족제도는 1947년의 민법 개정으로 크게 바뀌었습니다. 메이지 헌법하의 '이에家 제도'(일본의 가족제도)는 없어졌습니다.

---

* 이 책의 원제는 '「おじさん」的思考'로 직역하자면 '아저씨적인 사고'이다.

이에 제도는 가장을 '호주戶主'로 칭하고 그에게 집안의 통솔 권한을 주었던 제도입니다. 에도 시대부터 이어지는 전통적인 제도지요. 모든 가산을 장남이 독점적으로 상속하고, 필요에 따라 그것을 다른 구성원에게 나누어줍니다. 다른 구성원은 진학이나 취직, 결혼 등에 대해서도 일일이 가장의 허락을 구해야만 합니다.

가장은 그만큼의 권한을 부여받았지만 동시에 어릴 때는 형제자매들을 교도하고 부양하며 적당한 나이가 되면 일할 자리를 알아보고 결혼시킬 의무도 부과되었습니다. 그 제도가 일본 사회의 민주화, 특히 여성의 사회 진출을 막고 있었던 것은 틀림없습니다. 하지만 어떤 제도도 나쁜 면만 있는 것은 아닙니다.

'장점'도 조금은 있습니다. 그것은 자신의 아집我執을 죽이고 모종의 역할을 끝까지 해낸다는 점입니다. 자기 억제의 노력이 요구되었다는 것이지요.

가장은 그저 뻐기고만 있으면 되는 존재가 아니었습니다. 가산을 관리하고 가업을 잇기 때문에 본인에게는 직업 선택의 자유가 없습니다. 이동의 자유도 없습니다. 결혼 상대도, 정치적 의견도, 입는 것도, 먹는 것도, 취미나 기호도 가장에게 어울리는 것이어야 합니다. 자신은 그렇게 멋대로 정할 수가 없습니다. 부자유한 존재인 것이지요.

아울러 아우나 누이들로부터 존경심을 얻으려고 한다면 자연히 그들로부터 '사리 분별하는 능력이 있고 그릇이 큰 사람'이라고 생각될 필요도 있었습니다.

전전戰前 일본의 소설을 읽으면 대체로 남자 주인공은 차남이나 셋째 아들입니다. 가장으로부터 돈을 받아 고등교육을 받고 졸업한 후에는 일도 하지 않고 빈둥거리기만 합니다. 그리고 가장을 만나면 이러쿵저러쿵 설교를 들어야 하기 때문에("놀지 말고 일 좀 해라"라든가 "얼른 장가나 가"라든가), 돈을 받으러 올 때 이외에는 별로 집에 들르지도 않습니다. 그런 남자가 소설을 쓰거나 철학을 하거나 불륜을 저지르거나 정치운동을 하는 등 이런저런 파란을 겪습니다(가장은 드라마의 주인공이 될 수 없습니다. 생활이 너무 지루해서).

그런 유의 소설을 읽고 제가 놀란 것은 어떤 이야기에서도 가장의 참을성이 상당히 강하다는 점입니다. 가장에게는 가문에 먹칠을 하는 행위를 하거나 가장의 지시를 따르지 않는 구성원을 집안에서 쫓아낼 권리가 있습니다. 하지만 그런 긴급피난 특권은 좀처럼 행사하지 않았습니다. 문제 행동을 하는 가족 탓에 여러 가지로 어려움을 겪어도 가장은 상당히 오랫동안 가만히 참습니다. '신통찮은 가족에 대한 관용'이라는 것 역시 가장에게 상당히 우선적으로 요구된 덕목이었을지도 모릅니다.

저의 아버지는 꽤 오래전에 돌아가셨는데 6남 3녀 중 사남이었습니다. 세 자매와 가장 아래 동생은 어렸을 때 세상을 떠났기 때문에 살아서 종전을 맞은 사람은 남자 형제 다섯 명뿐이었습니다.

아버지는 베이징에서 패전을 맞았고 1946년에 일본으로 돌아왔습니다. 그리고 홋카이도의 삿포로에 있던 큰형을 찾아가 그곳에서 회복 기간을 가진 뒤 얼마간의 생활 자금을 받아 도쿄로 돌아왔습니다. 둘째형은 나가사키에서 피폭당해 아내와 두 아들을 잃었고 자신도 온몸에 화상을 입고 입원했습니다. 큰형은 1945년 8월, 패전 직후 홋카이도에서 혼란기의 일본 열도를 종단하여 나가사키까지 가서 아우를 업고 다시 홋카이도로 돌아왔습니다.

큰형은 홋카이도 도청에 근무하는 하급 관리였습니다. 그가 부친으로부터 물려받은 가산이라 할 만한 것은 거의 없었고(할아버지는 가난한 초등학교 교사였습니다), 오로지 아우들을 지원할 가장으로서의 책임만 있었습니다. 그리고 큰아버지는 그 책임을 정말 성실하게 해냈습니다.

어렸을 때 저는 설날에 우치다 집안의 사람들이 큰아버지 집에 모일 때 아버지의 형제들이 큰아버지를 왜 그렇게 조심스럽게 대하는지 신기했습니다. 그것을 '옛 이에家 제도의 누습陋習'이라고만 생각했습니다. 큰아버지가 아우들을 위해 얼마나 헌신했는가를 듣고 숙연하게 옷깃을 여민 것은, 큰아버지가 돌아가시고 난 뒤 한참 지나고서의 일입니다. 저는 그때 '가

부장의 무시무시함' 같은 것을 느꼈습니다. 예전에 일본 사회에는 그런 풍모를 갖춘 가장이 있었습니다. 하지만 지금의 일본에는 없습니다.

저의 소년 시절(1950년부터 1965년 정도까지)에 남자들은 전전의 가장제 아래에서 성인이 된 사람들이었습니다. 그러므로 '가장은 어떻게 행동해야 하는가'에 대해 잘 알고 있었지요. 하지만 법률이 바뀌어 가장은 제도적으로 없어지고 가정은 민주적이고 평등한 것이 되었습니다. 그렇다고 해도 남자들은 자신이 어렸을 때 보고 자랐던 '가장' 이외에 자기 형성의 롤 모델을 갖지 못했습니다. 제도로서의 가장제가 소멸한 시대가 되었지만 가장으로서 행동하는 것 외에 생활 방식을 몰랐던 남자들, 저는 이 책에서 그들을 '아저씨'라고 불렀습니다.

이따금 착각하는 사람이 있습니다만, 저 자신은 '아저씨'가 아닙니다. 백 퍼센트 순수하게 전후 민주주의가 점지해준 아이입니다. 자기 자신만의 자유와 행복만을 찾아 친형제의 곁을 떠나고 두 번 다시 고향에 돌아오지 않아도 아무렇지 않은 '아프레게르(전후파)'입니다.

하지만 제 마음대로 자유롭게 살아온 후 어떤 연령에 달하자 소년 시절에 주위에 있던 '아저씨'들이 그립게 떠올랐습니다.

가부장으로서의 책임을 어깨에 느끼며 민주주의적인 가족

의 일원이 되기 위해 자기 도야陶冶에 힘썼던 남자들, 전근대와 근대의 물이 뒤섞인 '기수역汽水域' 같은 곳에서 살았던 남자들, 그 기묘한 '종족'은 전후 한 시기에만 일본 사회에 존재했고 그 후 모습을 감추고 말았습니다(영상으로 확인하고 싶은 분에게는 오즈 야스지로의 영화를 추천합니다. 거기에 되풀이해서 나오는 '나쁜 아저씨'들이— 사부리 신, 류 치슈, 나카무라 노부오, 기타 류지 — 그 풍모를 웅변적으로 전해줄 것입니다).

그 사람들의 독특한 사고방식이나 말투를 누군가 기억하고 글로 남기고, 가능하다면 그것을, 적어도 '정보'로서라도 후세에 전해두는 것이 좋지 않을까, 오십이 지났을 무렵 그런 생각이 들었습니다. 그것이 저의 사명 가운데 하나가 아닐까 하는 생각을 하게 된 것이지요.

이 책에 실린 글을 쓰고 있는 사람은 틀림없이 '우치다 타츠루'라는 사람이지만, 정확히 말하자면 '아저씨에게 빙의된 우치다 타츠루'입니다.

한국에서도 어쩌면 일본과 같은 일이 있었을지도 모릅니다. 한국의 가족제도는 일본 이상으로 유교적이고 가장의 권한이 강했을 테니 가부장제가 무너진 후에는 예전의 가장들이 어떻게 행동해야 좋을지 모른 채 상당히 당혹스러워하지 않았을까요.

그 시대에는 법률적인 가부장권은 이미 효력을 상실했는데도 가족을 부양하고 지원하는 의무만은 느끼고 있던 가장, 권위적이고 잔소리가 많은 탓에 다른 구성원들이 성가시게 여기거나 꺼려하지만 '자신이 없으면 이 가족은 하나로 뭉치지 않는다'며 혼자 낑낑거리던 고독한 가장, 그런 남자들이 여기저기에 있지 않았을까 생각합니다(그러고 보니 영화 〈국제시장〉은 그런 고독하고 억제적인 가장이 주인공이었네요).

그분들 대부분은 이미 돌아가셨겠지요. 하지만 지금도 이따금 그들의 풍모를 그립게 떠올리는 사람들이 있지 않을까요. 그런 분이 '아아, 옛날에 내 주위에도 〈아저씨〉가 있었지' 하고 생각하며 이 책을 집어 들어준다면 저도 기쁘겠습니다.

2019년 5월 13일

우치다 타츠루

제 1 장

'설교'는 아저씨의 의무이자 권리다

대학 전원 입학 시대를 향하여

어느 재수학원의 자료를 보니, 이르면 2008년에 '대학 입학 지망자 수'와 '대학 정원'이 같아진다고 한다.

이는 어떤 사태인가. 그해에는 '어디어디의 대학이 아니면 싫다'는 사치만 부리지 않는다면 수험생 전원이 순조롭게 대학생이 될 수 있다는 '대학 전원 입학 시대'가 도래한다는 뜻이다.

대학 전원 입학. 그것이 어떤 사태를 의미하는지 좀 생각해 보고 싶다.

내가 중학생이었을 때 도쿄 도내의 평범한 공립중학교에서는 한 반의 50명 학생 중에서 10명 가까이가 중학교를 졸업하자마자 취직했다. 내가 봤던 '덴스케 극장'이라는 로컬 코미디에서는 오미야 덴스케라는 아사쿠사의 아저씨가 '아들 욧짱이 고등학교에 다니고 있다는' 것을 이웃에게 자랑했다.

확실히 쇼와 30년대(1955~1964)까지는 '고등학생'에, 선발된 사람이라는 뜻의 '선량選良'이라는 긍정적인 가치가 다소 남아 있었다. 닳아 떨어진 교복과 모자에 높은 게다를 신고 시를 읊으며 음악을 연주하는 '구제舊制 고등학교'의 망령을 떨쳐버리지 못한 고등학생은 쇼와 30년대 전반의 〈사자에 씨〉*에는 여전히 등장한다. 그것이 완전히 소멸한 것은, '고등학교 전원 입학'이 학부모회(PTA)의 분발 덕분에 실현된 도쿄올림픽(1964) 무렵의 일이다.

지금 우리는 '고등학생'이라는 말에서 '머리가 나쁘고 시끄럽고 예의를 모르고 너무 많이 먹고 이기주의자이고 맥도널드에서 담배를 피우고 로손에서 만화를 서서 읽는 사람' 정도밖에 연상하지 않는다.

물론 그렇지 않은 조용하고 사색적인 고등학생도 어쩌면 있을지도 모른다. 나카하라 추야의 시를 암송하거나 호반의 자작나무 그늘에서 호리 타츠오의 소설을 읽거나 존 콜트레인의

---

* 하세가와 마치코長谷川町子 원작의 만화. 1946년(쇼와 21)부터 연재된, 삼대가 동거하는 가정의 주부인 '사자에 씨サザエさん'를 중심으로 서민의 생활을 유머러스하게 그린 만화. 나중에 텔레비전 애니메이션으로 만들어졌다.

음반을 들으며 장 주네의 작품을 읽는 고등학생도 어쩌면 일본 전국에 750명 정도는 있을지 모른다. 그 사람들에게는 '미안하다'고 생각한다.

하지만 어쨌든 '고등학교 전원 입학' 이후 '고등학생'이라는 말과 '사색적'이나 '서정적'이라는 형용사가 완전히 무관해진 것은 분명하다.

'대학 전원 입학'은 대학생에게 이와 마찬가지 효과를 가져다줄 것이다. 이미 현재의 평균적인 대학 1학년생의 학력 수준은(재수학원 관계자와 대학 관계자의 증언을 믿는다면) 30년 전의 중학교 3학년 수준까지 떨어졌다고 한다. 이 가공할 만한 사실이 '편차치偏差値(표준점수)'라는 지표의 사술詐術 탓에 두드러져 보이지 않게 되었을 뿐이다.

아시다시피 '편차치'라는 것은 그 사람이 어떤 해의 같은 연령 집단의 몇 번째쯤에 해당하는지 상대적인 '위치'의 지표이지 '학력'의 지표는 아니다. 같은 연령 집단 전체가 수준이 떨어진 경우 표준 점수에서는 학력의 저하라는 사실은 알 수 없다.

다행히 재수학원은 매년 같은 난이도의 모의시험 문제를 출제하기 때문에 원점수의 비교에 의해 학년별 학력을 비교할 수 있다. 그 결론은 평균점수가 '1년에 1점 페이스'로 떨어지고 있다는 사실이다. 10년에 10점, 30년에 30점이다. 요즘의 대학생이 바보로 보이는 것은 결코 우리의 환각이 아니라 사실 대학생이 점점 바보가 되어가고 있기 때문인 것이다.

오즈 야스지로의 무성영화 시절 작품에 〈낙제는 했지만落第はしたけれど〉(1930)이라는 코미디 영화가 있다. 쇼와 시대 초기의 연파軟派* 대학생들의 생활을 생생하게 그린 유쾌한 작품이다. 거기에 사이토 타츠오를 비롯한 바보 대학생들이 벼락치기로 졸업시험 공부를 하는 장면이 있다. 사이토는 암기가 귀찮아서 커닝을 하기 위해 와이셔츠에 독일어 교과서의 중요한 부분을 베낀다. 70년 전에는 가장 성적이 안 좋은 대학생조차 두툼한 외국어 전문 서적을 발췌독으로 읽으며 '중요한 부분'을 찾아내 그것을 필기할 정도의 재주는 있었던 것이다.

'대학 전원 입학'으로 21세기의 대학은 현재의 고등학교와 같은 수준의 교육기관이 된다. 그것은 그것대로 어쩔 수 없는 일이다. 하지만 사회의 운영에는 역시 일정한 수의 지적 엘리트가 필요하다. 대학이 '고등학교'가 되었다면 '대학'에 대응하는 교육기관이 필요해진다. 이는 논리적으로 자명한 일이다.

새로운 기준에서의 '대학'에 해당하는 것은 도쿄 대학을 비롯한 극히 적은 초일류 대학과 서유럽의 대학뿐일 것이다. 그 이외의 대학에서는 '대학'으로서 최소한의 교육 수준을 유지하기 위해서라도 성적이 좋은 학생에게는 대학에 남아 석사

---

* 시나 소설을 탐독하거나 이성과의 교제에 흥미를 가지며 화려한 복장을 즐기는 학생.

학위를 취득하도록 권하게 될 것이다.

다시 말해 21세기의 이른 시기에는 '극히 적은 초일류 대학+서유럽의 대학+보통 대학의 대학원'이 현재까지의 '대학'에 해당하게 된다. 이 세 가지 범주의 총 정원이 대학 지원자 수의 몇 퍼센트로 자리를 잡으면 대체로 쇼와 초기의 대학 진학률과 엇비슷해지는 셈이다.

즉 '대학(이라는 간판을 내건 학교)에 가는 것이 간단한 시대'란 '대학(에 상당하는 학교)을 나오는 것이 굉장히 어려워지는 시대'인 것이다. 대졸이라는 명함이 무가치해지는 것 따위는 아무렇지 않지만 이 변화는 뜻밖의 심각한 부작용을 수반하게 된다.

우선 확실히 해두어야 하는 것은, 18세 인구의 격감으로 21세기의 이른 시기에 여기저기서 대학 정원의 감소(지원자 전원을 합격시켜도 정원에 미달하는 현상)가 생길 거라는 점이다.

'정원 감소'가 일어난 대학은 요컨대 누구나 들어갈 수 있는 대학이라는 것이다. 당연히 거기에는 덧셈, 뺄셈, 곱셈, 나눗셈을 할 수 없고 dangerous를 '단거러스'로 발음하고 '현재'를 '현제'로 쓰는 대학생이 여기저기에 무더기로 있게 된다(이미 있지만). 이런 '똥통 대학'에서는 당연히 '강의 붕괴', '연습 붕괴'라는 사태가 발생한다. 강의 중에 강의실 안을 걸어 다니고 음료수를 마시고 음식을 먹고 화장을 하고 휴대폰으로 문자를 보내고 게임을 하고 주의를 주는 교수를 째려보는 대학생이 (이미 있지만) 각지의 '똥통 대학'에 발호하게 된다.

생각해보면 이는 어쩔 수 없는 사태다.

최근 조사에 따르면 초등학교 6학년 단계에서 이미 수학 수업을 이해할 수 없게 된 초등학생이 과반수를 넘었다. 분수의 나눗셈 정도에서 학교 수업을 이해할 수 없게 되어 수업 듣는 걸 그만두는 것이다.

수업 듣는 걸 그만두는 것은 무척 심각한 일이다. 지식이 몸에 배지 않기 때문이 아니다. '뭔가를 배우기' 위한 기본적인 규칙이 몸에 배지 않기 때문이다.

'뭔가를 배우는' 것은 '알고 있는 사람'으로부터 '하는 방식'의 설명을 듣고 그것을 자기 나름대로 받아들여 주어진 과제에 응용해보고 잘 되지 않을 때는 어디가 잘못되었는지를 지적받는 대화적, 쌍방향적인 커뮤니케이션을 행하는, 단지 그것뿐이다. 그러나 이 커뮤니케이션 훈련을 통해 아이들은, '설명을 들을 때는 입을 다물고 주의 깊게 귀를 기울인다', '나중에 생각해낼 수 있도록 (노트 등의 보조 수단을 사용해) 기억한다', '질문은 정확하고 또 간결하게 한다', '집중하고 있는 사람의 방해를 하지 않는다' 등의 기본적인 매너를 자연스럽게 습득해가는 것이다.

그러나 초등학교 단계에서 '뭔가를 배우는' 것을 포기하고, '뭔가를 배우는' 방식 그 자체를 배우지 않고 어른이 된 아이는 성장한 후에도 '자신이 모르는 정보, 자신이 습득하지 못한 기술'을 제대로 습득할 수 없다. 대화적, 쌍방향적 커뮤니케이션의 방식을 알 수 없기 때문이다.

그들은 오랜 시간 남의 이야기를 주의 깊게 들을 수 없다. 남에게 뭔가를 배울 때의 적절한 의례(표면적으로 순순히 복종하는 연기)를 할 수 없다. 무엇보다도 가르치는 상대에게 '자신이 무엇을 이해하지 못하는지'를 이해시킬 수 없다. 이 아이들이 '교실 붕괴'의 주인공들이다.

요컨대 그들은 '자신이 모르는 것, 자신이 할 수 없는 것'을 어떻게 알거나, 할 수 있게 되는지 그 '길'을 모르는 것이다.

그러므로 그들에게는 '자신이 이미 알고 있는 것, 자신이 이미 할 수 있는 것'을 양적으로 증대시키는 길밖에 남아 있지 않다.

그들은 초등학생인 채 유아적이고 자기중심적인 자아의 프레임워크 안에 텔레비전, 음악, 패션, 컴퓨터 게임, 만화, 섹스, 스포츠에 대한 사소한 정보를 잔뜩 처넣는 것을 '정보 취득'이라고 착각한 채 성장한다. 그리고 '똥통 대학'의 대학생을 구성하게 되는 것이다.

물론 이런 아이들은 대학에서도 무엇 하나 배울 수 없다. 그리고 무의미하게 보낸 십수 년의 학교 교육 끝에 저임금 미숙련 노동에 종사하게 되는 것이다.

그리고 '대졸 블루컬러'가 대량 발생하게 된다.

그들은 '새로운 프롤레타리아트'다. 그들에게는 사회적 상승 기회가 없다. 그들은 권력에서도, 이익 분배에서도, 고급문화high culture에서도, 정보에서도 소외된다. 아마 그것의 의미도 잘 모르는 채로.

이때 자신의 의사에 기초해 사회적 상승 기회를 내버리고 빈곤과 무지와 피차별을 기꺼이 선택하는 사람들이 출현한다. 약자와의 연대를 위해서도, 자기 도야를 위해서도 아니고 자주적으로 중산계급에서 탈락해가는 집단을 역사는 처음으로 보게 될 것이다.

그때 아마 진정한 의미에서 '근대'의 조종이 울리는 거라고 나는 생각한다.

(1999/4)

우르르 몰려가 묵는 중학생

2001년도의 전공 수업의 첫 번째 리포트로서 전원에게 ‘이래도 일본은 괜찮을까?’라는 주제를 내주었다. 다들 상당한 역작을 제출해주었다. 이는 그중 하나로 〈우르르 몰려가 묵는 중학생〉에 대한 N오카의 리포트를 발췌한 것과 그것에 대한 나의 코멘트다.

> ‘우르르 몰려가 묵는’다는 것은 ‘주소를 알아보고 사전에 연락도 없이 합숙소처럼 갑자기 남의 집에 마구 들어가 제멋대로 행동하는’ 일을 말하는데, 즉 지방에 살고 있는 중고생쯤 되는 나이의 아이들이 도심에서 열리는 콘서트나 이벤트 등 때문에, 예컨대 음악 잡지 등의 ‘펜팔 희망’ 난이나 자비 출판물의 판권장에서

주소를 알아내고 찾아와 숙박비 등을 아끼기 위해 행사장 근처에 사는 사람의 집을 호텔 대신 삼는 행위입니다.

'우르르 몰려가 묵는 것' 그 자체는 결코 나쁜 일이 아니라고 생각한다. 실제로 우리 집에도 지난 주 여섯 명의 '우르르 몰려와 묵는 여고생 군단'이 찾아왔다. 하지만 다들 꽤 괜찮은 아이들이었다(목욕탕 청소도 했고). 그러나 그것은 예외적인 것 같다.

그녀들은 모두가 한결같이 가공할 정도의 몰상식과 무지와 천진난만함을 갖추고 마지막 전철이 끊긴 것을 노린 것처럼 한밤중에 돌연 찾아와서는 "전철은 끊겼고 잘 곳도 갈 곳도 없습니다"라고 말하며 일면식도 없는 사람의 집으로 들어와 집 안을 멋대로 뒤지고 음식물을 요구하는 등 방약무인하게 제멋대로 행동한 끝에 콘서트 티켓이나 책이나 CD · MD, 현금 등을 아무렇지 않게 훔쳐갑니다.

이건 심하다.

그 원인으로서 N오카 씨는 네트커뮤니케이션이라는 새로운 타입의 인간관계 발생을 들고 있다.

이처럼 눈꼴사나운 사람이 증가한 원인에는 인터넷에 의한 정보 발신력이 있는 게 아닐까 싶습니다. 채팅이나 게시판, 메일에 의해 간단히 정보가 오감에 따라 밀어닥치는 측이 상대에게 느끼는 '문턱'은 낮아지고 아직 가상의 세계와 현실을 구별 짓기 힘든 젊은 층에게는 인터넷상에서 펼쳐지는 세계를 그대로 실제 사회로 가져오기 쉬워집니다. 그것이 '마구 쳐들어가기'를 조장하는 게 아닐까요.

역시 그렇다. 이 분석은 예리한 데가 있다. 확실히 현실 세계와 가상 세계 사이의 위상 차이를 구별하는 것은 상당히 어려운 일이다. 애초에 위상의 차이가 있다거나 하는 원리적인 수수께끼가 있기 때문이다. 하지만 이는 또 다른 문제이니 기회를 달리하여 논하기로 하겠다.

N오카 씨가 들고 있는 지금의 한 가지 문제는 '교육'과 관련되어 있다. '최종적인 요인에는 〈부모〉(부모의 의식)가 깊이 관련되어 있다'고 N오카 씨는 보고 있다.

우르르 몰려간 아이의 부모는 모두 아이와 같은 의식·감각이거나 아이의 일은 방임하고 그 책임도 포기하거나 아이에 대한 사랑으로 맹목적인 상태가 되어 묵는 것을 꺼리는 상대를 매도합니다.

내게는 이 지적이 무척 흥미로웠다.

'가정 붕괴'라든가 '가정 내 폭력'이라는 말을 들으면 우리는 가족 구성원이 뿔뿔이 흩어져 있다는 인상을 받는데, 정말 가족은 해체되어 있는 것일까.

오히려 너무 밀착되어 있는 게 아닐까.

가족끼리 너무 밀착되어 '똑같은 의식·감각'을 너무 공유한 탓에 가정 안이 밀실이 되어 그곳이 '보통 사회의 보통 상식'으로부터 차단된, 의사소통이 무척 안 되는 농밀한 공간이 되어버린 것이 오히려 아이들이 일탈 행동을 하는 원인이 된 것이 아닐까.

니가타에서 9년간 소녀를 밀실에 유폐했던 남자는 집 전체를, 그 어머니를 포함한 한 단계 더 큰 '밀실'로 만들었다.

동질성이 높은 공간에 자폐해 있으면 당연히 아이는 커뮤니케이션 능력이 키워지지 않고 자신과는 '다른' 감각, '다른' 가치관을 가진 타인과 '타협'하는 방법을 학습할 기회를 갖지 못한다.

부모가 아이를 방임하거나 아이에 대한 책임을 포기한다는 것은 '부모로서 책임을 지는 것'이라는 명확한 '일'이 무엇인지를 안 상태에서 일부러 그것을 포기하는 것일까. 내게는 아무래도 그렇게 생각되지 않는다.

아마 그런 부모들은 '부모로서의 책임을 진다'는 것이 어떤 것인가를 애초에 알지 못하는 게 아닐까.

한마디로 말하자면 부모의 일이란 '아이를 적절한 방식으로 사회화하는 일'이다.

그러나 자기 자신이 '적절한 방식으로 사회화한' 경험을 갖지 못하고 그런 교육이 이루어지는 현장에 입회한 적이 없는 부모에게는 무척 어려운 일일 것이다.

N오카 씨는 계속해서 이렇게 썼다.

> '이런 일을 하면 누구누구에게 야단을 맞으니까 그만둬'라는 형태로만 아이를 꾸짖을 수밖에 없는 부모가 늘고 있는 요즘, 올바른 설교(교육)가 가능할지 심히 의심스럽습니다.

여기에 나는 좀 다른 사고가 있다고 생각한다.

왜냐하면 이렇게 꾸짖는 방법 자체는 결코 틀린 것이 아니라고 생각하기 때문이다.

확실히 '야단을 맞으니까 그만둬'라는 것은 설명으로서는 충분하지 않다. 하지만 '아무튼 혼나니까 그만둬'라는 것은 사회적 규범을 가르치는 방식으로서는 경험적으로 유효한 것이다. 사회적인 규범이라는 것은 결코 '알아듣도록 이치를 잘 설명하면 아이라도 알 수 있다'는 식으로 만들어진 것이 아니다.

예컨대 아이에게 '왜 열아홉 살에는 술을 마시면 안 되고 스무 살 생일날인 다음 날이 되면 술을 마셔도 되는 거지?'라고 물었을 경우 그 경계선 설정에 깊은 의미가 있다는 것을 설명할 수 있는 사람은 없을 것이다(나는 할 수 없다).

"그렇게 정해져 있어"라고밖에 말할 수 없다.

"들키면 혼나."

일단 이런 방법밖에 떠오르지 않는다.

그것은 '나쁜 짓을 하면 도깨비가 잡아먹는다'라든가 '일찍 자지 않으면 괴물이 잡으러 온다'라든가 '말을 듣지 않으면 붉은 망토를 쓴 악마가 잡으러 온다'는 것과 같은 유형의 공갈이지 전혀 논리적인 설명은 아니다. 하지만 이것이 '가정교육'의 정도가 아닐까 나는 생각한다.

왜냐하면 이런 '아무튼……' 유형의 공갈은 적어도 한 가지만은 확실히 아이에게 전할 수 있기 때문이다.

그것은 '가정 내의 논리'나 '부모의 힘'이 미치지 않는 곳에 '사회적 규범'이 존재한다는 것이다.

'도깨비'는 그런 '사회적 규범'의 상징이다. '도깨비'가 강한 힘을 행사할 때는 부모가 아무리 울며 애원해도 아이는 잡아먹히고 만다. 부모보다 위에 그보다 훨씬 강대한 권위자가 있다는 것, 그것이 때로는 아이에게 불합리한 폭력적 제재를 행사할 가능성이 있다는 것, 그것을 가르치는 것이 '아이의 사회화'라는 것이다.

'집의 외부'가 존재하고 거기서는 '집 안'과는 다른 논리가 지배하고 있고 '부모'는 그것에 복속되어 그것을 승인할 수밖에 없다는 것, 아이의 사회화란 요컨대 그런 '위계 차', '높낮이 차'가 있다는 것을 알게 해주는 일이다. '도깨비'나 '괴물' 같은 이야기는 아이에게 그것을 이해시키기 위한 도구라고 나는 생각한다.

그래서 N오카 씨의 다음 구절이 문제가 된다.

> "공부는 보습학원에서나 가정교사가 충분히 가르쳐주고 있기 때문에 학교에서는 예절이나 도덕 등에 대해 확실히……" 하는 말을 하는 부모가, 꼴사나운 언동을 되풀이하는 아이를 만들어내는 게 아닐까 생각합니다.

나도 그렇게 생각한다. 그렇다면 이런 말을 입에 담는 부모는 왜 안 될까?

'(집에서가 아니라) 바로 학교에서 예절이나 도덕 등에 대해 확실히 가르쳐야 한다'고 생각하고 있기 때문일까.

그런 사고 자체는 특별히 틀리지 않았다. 실제로 교육에 대해 무관심한 부모, 또는 일이 너무 바빠 아이를 상대할 여유가 없는 부모는 옛날에도 많았다. 그런 아이들은 집에 방치되었지만 학교가 부모를 대신하여 그들을 훈육하고 사회화하는 임무를 제대로 떠맡고 있었던 것이다.

이런 말을 입에 담는 부모가 바람직하지 않은 것은 '학교에서 예의범절을 가르쳐주었으면 한다'고 말하면서 본심으로는 '학교'를 권위로서 인정하지 않기 때문이다. '학교에서 예절이나 도덕 같은 걸 가르칠 리가 없다'고 본심으로는 생각하고 있기 때문이다.

원래 학교는 '도깨비'와 동일한 기능을 하고 있다.

학교를 아이의 예절이나 도덕의 교화 장치로서 효과적으로 기능하게 하고 싶다면 학교를 둘러싼 지역 사회 전체가 '학교를 경외하거나' 적어도 '경외하는 척'을 해야만 한다.

생각해보라.

만약 현관으로 우르르 몰려오는 '도깨비'에 대해 집에서 기다리고 있던 부모가 '사뭇 깔보는' 태도로 임했다면 어떻게 될까. '늦었어'라든가 '올라오기 전에 현관에서 신발을 벗어'라든가 '일이 끝나면 빨리 돌아가'라는 식으로 말을 한다면 어떻게 될까.

그런 태도로 '도깨비'를 접하는 부모의 모습을 보고 있던 아이들은 과연 '도깨비'를 경외하고 그 위협에 굴해 '착한 아이'가 되려고 결심할까?

그건 무리일 것이다.

'학교에서는……'이라는 말을 입에 담는 부모의 태도에서 아이가 배우는 것은 그 말의 내용('학교에서는 예절이나 도덕을 몸에 배게 해야 한다)이 아니라 그 말을 입에 담았을 때의 부모들 '말투'다. 메시지의 내용이 아니라 그것을 말할 때의 어조나 눈빛이다.

'학교에서는 예절이나 도덕 등에 대해 단단히 가르쳐주었으면 한다'는 말에서 아이가 읽어내는 것은 말의 표면이 아니라

말 속에 있는 '그런 성가신 일은 학교가 해, 우리는 바쁘니까'라는 '자못 깔보는' 태도다. 특별히 부모들은 '예절이나 도덕'은 아무래도 좋다고 생각하는 것은 아닐 것이다. 아마 중요하다는 것은 알고 있을 것이다. 하지만 그것을 가르칠 방법을 모르기 때문에 누군가에게 억지로 떠맡기려는 것이다. 여기에는 교육기관에 대한 경외도 신뢰도 느껴지지 않는다. 그리고 부모가 경외나 신뢰를 느끼지 않는 교육기관이 그 아이를 효과적으로 사회화하는 것은 불가능하다.

아이는 부모로부터 순식간에 교육기관에 대해 '깔보는' 사회적 태도를 배워 알게 된다. 그리고 그 '깔보는 태도'를 자신도 학교에 대해 반복하게 된다. 아이가 학교에 경의를 품지 않는 것은 부모가 학교에 경의를 품지 않는다는 것을 아이도 알고 있기 때문이라고 나는 생각한다.

> 우르르 몰려가는 아이들을 갱생시킨다는 의미에서의 적절한 대응책 같은 건 없습니다. (……) 원래 그런 꼴사나운 행동을 되풀이하는 사람이 어설픈 일로 갱생하는 일은 적고, 그런 성격의 사람이라 꼴사나운 행동을 되풀이한다고도 할 수 있다고 생각합니다. (……) 일본의 톱이라 불리는 사람들의 언동을 보고 있으면 난감한 언동을 하는 아이와 그다지 다르지 않은 어른이 많다는 것을 깨닫고, 이 나라는 이미 젊은이가 어떻다는 등의 말을 하고 있을 상황이 아니라는 생각을 지울 수 없게 되었습니다.

바로 이 지적대로다.

아이들의 사회적 행동은 본질적으로 모두 연장자의 행동을 '모방'한 것이다.

그리고 모든 모방 행동이 그런 것처럼 모델의 '가장 나쁜 점'이 가장 흉내 내기 쉽고 과장되기 쉽다는 것이다. 아이들의 사회적 행동은 늘 어른들의 사회적 행동의 '추악한 희화戱畫'다.

요즘 아이들에게 공통되는 '사회적 규범의 경시', '공공성에 대한 배려의 결여', '품위decency의 결여', '거의 자기 파괴적이기까지 한 이기주의' 등은 모두 지금 일본의 '엘리트' 층 안에서 그 원형을 볼 수 있다(폭주족 소년들의 반사회성과 중앙 부처의 부패 사건의 반사회성은 동질적인 것이다.)

아이들은 부모를 흉내 내고 교사를 흉내 내고 '성공한 사람'들이나 지도자들을 흉내 내고 있는 것에 지나지 않는다.

역으로 말하자면 아이를 바꾸는 방법은 한 가지밖에 없다.

어른들이 바뀌면 된다. 우선 '내'가 바뀌는 것, 거기서 시작할 수밖에 없다. '사회 규범'을 중시하고 '공공성을 배려하고' '품위 있게 행동하고' '이기주의를 억제하는' 것을 우리 한 사람 한 사람이 '사회를 살기 좋게 하기 위한 비용'으로 받아들이는 것이다. 멀리 돌아가는 것 같지만 이것이 가장 확실하고 신속하며 합리적인 방법이라고 나는 생각한다.

(2001/3)

프리터의 숨겨진 사회적 기능

〈아사히신문〉 석간에 후지모토 기이치가 프리터*에 대해 썼다.

현재 '프리터'라 칭하는 사람들은 150만 명이다. 대졸자 네 명 중 하나, 고졸자 세 명 중 하나가 '프리터'라고 한다.

후지모토는 이 추세를 "현대 기업 형태의 본질을 본능적으로 받아들인" 젊은이들의 쿨하고 비판적인 삶의 방식이고, "그들은 급여나 시간에 매이는 것이 싫다며 위험을 알아차리는 야생의 작은 동물 같은 감각으로 행동하는 것"이라고 칭찬하

* free+arbeiter를 합성한 말로 정사원, 정직원 이외의 고용 형태로 일하며 생계를 꾸려 나가는 사람들을 가리키는 말.

고 있다.

후지모토 씨도 완전히 허투루 볼 수 없는 아저씨다.

이런 기사를 읽고 '좋아, 우리도 프리터가 되자'고 생각하는 대학생, 고등학생이 무더기로 생긴다는 것일까.

나는 그래도 전혀 상관없다고 생각한다.

다만 노파심에서 말하지만 프리터의 사회적 기능은 단 한 가지밖에 없다.

후지모토 같은 어쩔 수 없는 아저씨가 프리터 여러분에게 "좋아, 자네들의 생활 방식은" 하고 치켜세우는 것은, 일본 사회의 '인사이더'로부터 볼 때 그들에게 그런 사회적 기능을 하게 하는 것이 시스템의 안정에 사활적으로 중요하기 때문이다.

프리터의 사회적 기능이란 단적으로 '실업자를 은폐하는 것'이다.

최근에 악화되었다고 해도 선진국들 중에서 일본은 아직 실업률이 상대적으로 낮다.

이는 어떤 의미일까. 오늘은 이것에 대해 고찰해보고자 한다.

실업자란 '나는 실업자'라고 생각하는 사람을 말한다.

즉, '나 같은 능력 있는 사람이 당연히 얻어야 될 사회적 지위나 수입을 얻을 수 없다'는 이유로 화를 내거나 원망하거나 슬퍼하는 사람이 실업자인 것이다.

자신을 실업자라고 생각하지 않는(그러므로 화를 내지도 않고 원망도 하지 않는) 사람은 수입이 없더라도, 일정한 직업이 없어도 '실업자'라고는 불리지 않는다.

'실업 문제'는 일정한 직업이 없고 수입도 없는 사람이라는 '사실' 차원의 문제가 아니다. 일정한 직업이 있든 수입이 확보되든 그것이 '자신에게 원래 돌아가야 할 사회적 위신이나 소득에 전혀 미치지 못한다'고 생각하며 분노하고 괴로워하는 사람은 사회적 기능으로서는 '실업자'와 다를 바 없다.

실업 문제가 심각한 사회문제라는 것은 자신이 응분의 소득이나 사회적 위신을 얻지 못하는 것을 '자신의 주체적 선택의 결과가 아니라 일부 인간만이 윤택해지는 구조가 된 사회 시스템의 불공정한 결과'라고 생각하는 사람들이 '공정의 회복'을 요구하는 것에 기인하는 것이다.

이 경우 '공정의 회복'은 꼭 합법적인 절차를 밟지 않는다. 왜냐하면 보통 그들은 사회 시스템 자체가 불공정을 낳는다는 사고를 채택하기 때문이다. 그러므로 그들은 일반적으로 모든 기성 사회에 대해 불신감 내지 적의를 품는다.

그런 불신감이나 적의가 조성되는 것은 사회의 진보에 무척 생산적인 계기라고 간주하는 사회 이론이 한편에 존재한다. 그런 이론에 따르면 공공의 것을 파괴하거나 사물화私物化하는 것이나 사회적인 규칙을 무시하는 것이나 '부당하게 수탈당한 것이자 원래 자신에게 돌아가야 하는 것'이라며 그들이 단념하는 것을 '탈환'하는 것 등은 완전히 올바른 행동이 된다.

이런 사고를 하는 사람들이 일정한 수 이상 존재하면 사회 시스템을 운영할 때의 '방어적' 비용은 비약적으로 증대하고 사회적 자원의 균형 있는 분배는 더욱 곤란해진다. 그리하여 '탈환'형 사회 이론이 일정한 수 이상의 지지자를 얻었을 경우에는 사회 시스템 자체가 와해된다. '혁명'이란 그런 것이다.

다행히 지금의 일본에는 '사회 시스템 자체에 의해 부당하게 수탈당하고 있다'고 생각하는 사람은 별로 없다. 우리는 이 상태를 '치안이 좋다'라는 식으로 말한다.

치안이 좋다는 것은 요컨대 돈이 없어도, 일이 없어도, 그것을 '세상이 잘못되어 있기 때문'이라는 식으로 해석하는 사람이 적다는 뜻이다.

예를 들어 노숙자가 된 아저씨들 대부분은 '노숙자라는 것은 내가 주체적으로 선택한 삶의 방식'이라는 식으로 설명한다. 별로 세상 탓을 하지 않는 것이다(몇 년 전 신주쿠 지하도의 노숙자들 숙소를 강제로 철거했을 때도 도립 시설에 넣어져 직업 훈련을 받고 '사회 복귀'하는 것에 동의한 노숙자는 거의 없었다.)

프리터 여러분도 마찬가지로 주관적으로는 '이는 자신이 자주적으로 선택한 삶의 방식'이라고 믿고 있다. 그러므로 고용 조건이 아무리 불안정해도, 박봉이어도 그들은 불평을 하지 않는다. 이 사람들은 일을 시키면 제대로 해낸다(덧셈도 할 수 있을 뿐 아니라 다소는 영어도 할 수 있고 컴퓨터도 만질 수 있다).

그런데 비인간적인 시급에도 불평하지 않고 일정한 직업을 얻을 수 있도록 직업 훈련을 받게 해달라거나 학교에 다니게 해달라거나 생활을 보장해달라거나 주택을 제공해달라거나 하는 요구도 하지 않는다.

그럭저럭 고학력이고 그럭저럭 유능하지만 저임금으로 일해주고, 일이 있을 때만 생산에 종사하고 일이 없을 때는 무직을 감수하고, 게다가 노동조합을 만드는 것 등은 상상조차 하지 않는 이 150만 명의 사람들이 '완충제'로 기능해주는 덕분에 일본의 실업률은 세계적으로 낮은 수준을 유지하고 있고 사회 치안을 유지하기 위한 비용은 경이적으로 낮게 오르는 것이다.

이것으로 이미 알겠지만 후지모토 같은 아저씨가 프리터라는 삶의 방식을 열심히 치켜세우는 것은 그들이 지금의 일본 사회에 무척 고마운 존재이고, 그럼에도 불구하고 본인들은 어떤 식으로 고마운 것인지 그 이유를 그다지 알고 싶어 하지 않기 때문이다.

'실업률의 완충재'로서 효과적으로 기능하고 있는 집단은 그 밖에도 있다.

'전업주부'와 '대학생'이다.

일본의 전업주부에게 아무도 진지하게 '고도의 가사 수행 능력'을 요구하지 않는 것도, 일본의 대학생에게 아무도 진지하게 '고도의 지적 능력'을 요구하지 않는 것도 프리터를 치켜세우는 것과 같은 이유에서다. 일본 사회가 무엇보다도 그들에게 먼저 요구하는 것은 '자신이 실업자인 것을 알아채지 못하는 것'이기 때문이다.

'가사를 하지 않는 전업주부', '공부를 하지 않는 대학생', '주체적인 프리터', 이는 일본에만 존재하고 다른 어떤 선진국에도 존재하지 않는 사회 집단이다. 나는 그들이야말로 일본 번영의 '비밀 무기', 일본의 '보물'이라고 생각한다.

(2000/7)

취업 활동을 하는 학생들에게

합기도부의 내년 간부를 어떻게 할까 하는 문제로 E구치 주장이 머리를 썩이고 있다.

부원이 30명이나 되기 때문에 인재가 부족하지는 않을 테지만 새로운 3학년 부원이 한 사람밖에 없고 그녀도 바빠서 주장 일을 감당할 수 없을 것 같다는 것이다.

"그럼 이례적이지만 4학년에서 주장을 뽑으면 어떨까, 인재도 풍부하고."

나는 마음 편히 이렇게 대응했지만 아무래도 그것은 무리인 듯하다.

취업 활동에 바빠서 클럽 활동을 할 수 있는 상황이 아니기 때문이다.

내년 합기도부는 5월에 내 스승을 초대하여 '창립 10주년 기념 강습회'라는 메인이벤트가 예정되어 있어 3, 4월은 그 준비 때문에 여러 가지로 바쁘다. 그런데 봄이야말로 취업 활동이 가장 바쁜 시기이고 새로운 4학년은 거의 '삼월 토끼'* 상태인 것이다.

난감하다.

나 자신은 취업 활동을 한 적이 없기 때문에 그 느낌은 잘 알지 못한다(교원 공모에는 계속 떨어졌지만 그것은 '취업 활동'이라는 적극적인 인상의 일은 아니다. '당첨되는 제비가 거의 없는 복권'을 계속 사는 것 같은 기분의 일이다).

오늘의 〈아사히신문〉에 따르면 취업에 관한 규제 완화로 취업 활동의 조기화와 양극화가 진행되고 있다고 한다.

조기화라는 것은 3학년 가을 시점(즉 실제로 입사하기 1년 반이나 전에)에 '사전 내정'이 이루어지는 경우다. 양극화divide(격차)라는 것은 잘 알려진 '이기는 자는 계속 이기고 지는 자는 계속 진다'는 피드백 원리를 말한다.

다시 말해 일류 대학의 졸업생에게는 일찌감치 내정이 이루

---

* 루이스 캐롤의 『이상한 나라의 앨리스』에 등장하는 토끼 캐릭터March Hare. 체셔 고양이로부터 모자장수와 함께 '미쳤다'고 평가되는 삼월 토끼는 "3월 토끼처럼 미쳤다as mad as a hatter"는 영어 표현에서 생겨난 캐릭터. 3월 토끼는 교미기에 접어들기 때문에 성질이 사나워 괴팍한 습성을 보인다는 데서 유래한 표현이다.

어지는 한편 삼류 대학의 졸업생은 입사 시험용 양복의 무릎에 구멍이 뚫릴 무렵이 되어도 아직 내정이 이루어지지 않고, 대기업에는 점점 사람이 모이지만 중소기업에는 전혀 사람이 오지 않는다는 뜻이다.

어느 쪽이나 어떨까 싶다.

기업도 학생도.

이제 와서 내가 말할 것도 없는 일이지만, 대학을 졸업하는데 필요한 능력과 직장인으로서의 사회적 능력 사이에는 상관관계가 거의 없다. 대학이 일류든 삼류든 클라이언트나 파트너에게 일을 하는 것이 즐거운 상대는 요컨대 '호의적'이고 '정직'하며 '공정'한 사람이다. 영어를 잘한다거나 어딘가에 '연줄'이 있다거나 숫자를 보지 않고 말할 수 있다거나 하는 것은 아주 사소한 것에 지나지 않는다.

요즘 세상에서 '호의적'이고 '정직'하며 '공정'한 사람일 수 있다면 그것만으로 대단한 것이라고 나는 생각한다. 그리고 아무리 생각해봐도 대학은 그런 인간적 자질을 함양하기 위한 교육기관이 아니다.

그러므로 대학의 편차치를 기준으로 급여생활자의 적성을 판정하는 것은 정말 무의미하다고 생각한다. 대학의 편차치를 기준으로 기업이 신입사원을 채용하는 것을 그만두면 일본의 교육은 상당히 '정감'이 있게 될 거라고 생각한다.

"하지만 말이네, 우치다 씨, 대학의 편차치는 객관적으로 측정 가능하고. 그것은 당사자도 이미 알고 있네. 그런데 인간성이라는 것을 사정 기준으로 했을 경우 채용되지 않았다는 것은 '당신은 인간으로서 틀려먹었다'고 판정되는 게 아닐까. 채용되지 않은 사태에 직면했을 경우 '나는 공부하지 않았으니까, 하하하'라는 평가와 '나는 인간적으로 쓰레기니까, 하하하'라는 평가 중 어느 게 당사자에게 더 피해를 줄까?"

과연 일리 있는 말.

하지만 괜찮지 않을까.

오히려 전후 55년간 일본에서는 '객관적으로 측정 가능'한 것(학력, 연봉, 인종, 가문)만으로 사람을 판단해왔고, 그런 것을 모두 제외하고 있는 그대로의 개인을 대상으로 단호히 '너는 인간으로서 틀려먹었어'라는 평가를 너무 안 한 게 아닐까?

그것을 계속 피해온 일의 결과가 현 상황이 아닐까?

단호하게 말해주자.

'너는 인간으로서 틀려먹었다'고.

예를 들어 도쿄대학 법학부를 수석으로 나온 사람이 어느 대기업 면접에서 인사 담당 아저씨에게 '자네는 말이야, 공부는 잘했을지 모르지만 인간으로서는 너무 미숙해. 쓸모없겠어. 유치원부터 다시 시작하는 게 어떨까' 하는 설교를 듣는 일이 빈발한다면 학생들도 좀 더 '인간적 성장이란 무엇인가'에 대해 반성하게 되지 않을까.

어차피 도쿄대에 갈 만한 유형의 사람이라면 반드시 '그럼 인사 담당 아저씨를 어떻게 속여 인간적으로 깊이 있는 인간임을 보일 수 있을까?' 하는 것을 생각할 게 뻔하다. 그리고 놀랍게도 그런 교활한 궁리가 인간적 성장에 이바지하는 바가 적지 않다는 것이다.

오해하지 말았으면 하는데, 나는 '인간적으로 성숙한 사람을 채용하라'고 말하는 게 아니다. '인간적으로 성숙한 것처럼 〈보이는〉 사람을 채용하라'고 말하는 것이다. '인간적으로 성숙한 것처럼 보이는' 것은 그대로 지적이고 기술적인 문제이고, 노력만 하면 누구든지 할 수 있다.

자신의 의견을 똑똑히 말할 수 있고 타인의 의견이나 감정을 정확히 이해할 수 있다. 또는 타인과의 '간격'을 제대로 둘 수 있다는 커뮤니케이션의 기초가 되어 있으면 '인간적 성숙' 같은 것은 아우라처럼 발신되는 것이다.

구직자들이 『현대 용어의 기초 지식』을 암기하는 것보다 '인간적으로 성숙해 보이는' 궁리에 시간을 들이는 세상이 훨씬 살기 쾌적할 거라고 나는 생각한다.

구직자의 '토론' 자리에서 조용한 미소를 띠고 침착한 목소리로 여유 있게 의견을 말하고 누군가 이의를 제기하면 상냥하게 고개를 끄덕이며 솔직하게 자신의 잘못을 인정하고 "아, 잘 보셨습니다. 당신 같은 분이야말로 이 회사에 어울리는 인물이네요. 저 같은 사람은 도저히 미치지 못하겠습니다. 하하하" 하고 양보하는 인물이야말로 우선적으로 채용하게 된다면 회사는 어떻게 될까.

또는 임원 면접에서 "잠깐 말씀드려도 되겠습니까? 귀사의 영업 전략에는 역시 치명적인 오류가 있다고 생각합니다. 불쾌하게 느끼실지 모르겠습니다만…… 실례합니다만 제가 자료를 준비했으니 그걸 보시며 들어주십시오" 하고 말하는 사람을 "으음, 이거야" 하며 발탁하게 된다면 회사는 어떻게 될까.

또는 회사 앞의 횡단보도에서 노파가 비틀거리고 있다면 '아, 이 근방에서 인사 담당자가 보고 있을지도 모르지' 하며 마음을 써서 "아아, 할머니, 제가 짐을 들어드릴게요. 힘드시죠? 어디까지 가세요? 후후후"라고 애교를 떨게 되지 않을까.

나는 그런 상상을 하는 것이다.

아무튼 그렇게라도 하지 않으면 일본의 젊은이는 영원히 성장할 계기를 만날 수 없을 거라고 생각한다.

그래서 나는 '학력에 의한 차별'에는 반대한다.

그러나 대기업으로만 달려가는 학생도 어지간히 바보라고 생각한다.

'지금 대기업'인 기업 중 상당수는 내가 대학을 졸업할 무렵에는 이름도 알려져 있지 않은 회사였다. 그리고 그 무렵 새로 졸업한 학생을 대량 채용했던 몇몇 대기업은 지금 흔적도 없이 사라졌다.

옛날에는 철강이나 조선, 종합건설사에 엘리트가 모였다. 그 뒤에는 금융, 증권에 사람들이 쇄도했다. 그 뒤에는 유통이나 매스컴에 사람이 모였다. 그 뒤에는 부동산과 리조트 회사가 무척 인기가 있었던 시기가 있었고 곧 컴퓨터와 통신에 사람이 모였다. 철강이나 조선이 어떻게 되었는지, 종합건설사가 어떻게 되었는지, 금융이나 증권이 어떻게 되었는지, 백화점이 어떻게 되었는지 생각해보면('흄의 법칙'에 의해) '지금 대기업'인 것에서 '내일도 대기업인' 것을 추론할 수 없다는 것은 명백하다. '회사의 장래성'을 생각해서 고른다면 '지금 대기업'이라는 것은 거의 '장래성이 없다'는 것과 같은 뜻이다.

예를 들어 여전히 매스컴에는 수천 배라는 배율로 구직자가 쇄도하고 있다고 하는데 지상파 텔레비전이 앞으로 5년 후에 생존할지 어떨지 모르는 것이다. 신문사나 출판사도 앞으로 10년 후에 대체 어떤 형태로 살아남을지, 거기서 일하는 당사자들도 모르고 있다.

물론 '어떤 업계가 괴멸해가는 현장을 바로 옆의 관람석에서 보고 싶다'면 좋을 대로 하라고 말할 수밖에 없지만, '지금 화려한 직장 같으니까'라는 이유로 직장을 선택한다면 '조삼모사'의 원숭이와 같은 정도의 지성이라고 의심받아도 어쩔 수 없다.

취직을 바라는 학생에게 내가 늘 하는 말이 있다. 그것은 기업의 지명도나 자본금과 '직장이 즐거운' 것 사이에는 아무런 관계도 없다는 것이다.

책임감이 있고 근무고과가 공정하고 일을 잘하는 상사가 있고 유쾌한 동료가 있다면 아무리 단순 작업이라도 일은 즐겁다.

반대로 무책임하고 불공평하고 일을 못하는 상사와 느낌이 안 좋은 동료에게 둘러싸여 있다면 아무리 '창의적'이고 '첨단적'이며 '세련된' 일을 해도 전혀 즐겁지 않다.

내가 지금까지 해온 일 중에서 가장 즐거웠던 것 중 하나는 어번(이라는 것은 내가 친구와 함께 만든 번역 회사입니다) 창업기에 아르바이트하는 젊은 여자들과 사무실에 앉아 꼼꼼하게 '영문 매뉴얼을 자르고 붙이는 일'을 하고 있었을 때다.

계속 손을 움직이지만 머리는 거의 쓰지 않는 일이어서 FM 라디오를 듣고 이따금 커피를 마시며 잡담을 하고, 점심때가 되면 시부야로 밥을 먹으러 가고 또 라디오 들으며 잡담을 하고 오후 5시가 되어 일이 끝나면 다 같이 연극이나 콘서트를 보러 가곤 했다. 지성도 독창성도 전혀 필요 없는 일이었지만 나는 매일 회사에 가는 것이 즐거웠다.

'매일 회사에 가는 것이 즐거운' 일을 택하면 즐겁다.

취업 활동을 하는 사람들에게 말하고 싶은 것은 이것뿐이다.

(2001/1)

여행길에 오르는 룬짱

룬짱이 드디어 여행을 떠났다.

JR 롯코미치의 개찰구에서 헤어지며 말했다.

“곤란한 일이 있으면 언제든지 돌아오는 거야.”

“응, 돌아올게.”

손을 흔들며 이렇게 헤어졌다.

훌쩍.

생각건대 1982년 7월 24일 일본적십자병원의 분만실에서 라마즈법으로 출산할 때 산도를 지나 태어나는 순간까지 입회한 이래 18년 남짓 바로 ‘손 안의 구슬’로서 ‘오냐, 오냐’ 하며 키워왔는데, 이제 그런 딸도 성장하여 내 손을 떠나게 되었다.

딸의 성장과 아버지로서 내 책무가 끝났음을 축하하며 잭

대니얼즈로 혼자 조용히 축배를 든다.

축하한다.

힘내는 거야.

아빠가 해주는 말은 늘 간단하다.

“돈은 빌려주마. 밤이슬을 피할 수 있는 곳이 없으면 집으로 오너라.”

이는 모든 ‘친구’에게 아빠가 해온 말이다.

이를 룬짱에게도 보낸다.

내 집 문은 나의 도움을 바라는 ‘친구’를 위해 언제든지 열려 있다.

룬짱은 나의 가장 좋은 ‘친구’ 중 한 사람이라 당연히 내 집의 문은 언제든지 너를 위해 열려 있다.

인간으로서 어떻게 살아야 하는지에 대한 설교는 18년간 이미 질릴 만큼 했을 테니 이제 와서 새삼 보탤 말은 없다.

단 한마디가 있다면 그건 이런 프랑스 말이다.

sauve qui peut(‘소브 키 푀’라고 읽는다)

이는 배가 침몰하거나 최전선이 붕괴되었을 때 지휘관이 최후로 병사들에게 알리는 말이다.

“살아남을 수 있는 사람은 살아남아라.”

집단으로서 살아남는 것이 어려운 국면에서는 한 사람 한 사람이 자신의 기지로 난국을 헤치고 살아남을 수밖에 없다.

앞으로는 그런 시대라고 나는 생각한다.

룬짱 세대에게는 누구에게나 맞는 '성공의 롤 모델'이 없다.

전심전력을 다해 너희의 어려운 시대에서 살아남기를 바란다.

아빠가 하고 싶은 말은 그것뿐이다.

(2001/3)

철학의 효용

지인인 젊은 여성에게서 편지가 왔다. 정신병원에서 데이케어[*] 자원봉사 활동을 하고 있다고 한다. 편지에 따르면 '일단 퇴원하여 사회에 적응하며 통원하는 사람들'의 이야기 상대를 해주고 있는 모양이다. 그 사람들이 그녀에게 하는 질문이 몹시 철학적이라고 한다.

그녀는 학창시절에 철학을 조금 배우고 프랑스 현대사상으로 졸업논문을 썼던 사람이어서 그럭저럭 최소한은 알지만 어려운 질문에는 손을 든 모양이다.

---

* 고령자나 자택에서 치료중인 환자가 주간에만 통원通院하여 치료 또는 기능 회복 훈련을 받는 일.

"철학은 포스트모던 이후 어디로 갔을까요? 지금 가장 새로운 철학은 뭘까요? 책을 소개해달라고 하는데 뭐가 좋을까요?" 하는 질문이다. 질문에 답이 되지 않지만 그녀에게 보내는 답변이라 생각하고 그 질문을 둘러싸고 좀 더 생각해보고 싶다.

마음에 병을 가진 사람들이 철학이나 종교에 강한 관심을 기울인다는 것은 나도 충분히 이해할 수 있다. 대충 말하자면 마음의 병이라는 것은 '나는 왜 여기에 있는가', '나는 누구인가' 하는 질문에 제대로 답할 수 없는 정신을 말한다.

프로이트에 따르면 우리는 모두 정도의 차이는 있지만 마음을 앓고 있다. 우리는 '나는 누구인가', '나는 뭐 때문에 지금 여기에 있는가'에 대해 누구 한 사람 확정적인 답을 갖고 있지 않기 때문이다. 우리는 자신이 태어나기 전의 일도, 죽은 후의 일도, 애초에 우리가 지금 살고 있는 지구나 태양계나 은하계가 뭐 때문에, 어떤 식으로 존재하는지 전혀 모른다.

'먼저 빅뱅이 있었고 그 이후 우주는 계속 팽창하고 있다'는 약아빠진 설명으로 끝내는 것은 그만두자.

'그럼 빅뱅 〈전〉에 뭐가 있었을까? 팽창하는 우주의 가장 바깥의 그 〈바깥〉에는 뭐가 있을까?' 하는 어린애의 소박한 질문에는 누구도 답할 수 없기 때문이다.

마음을 앓는다는 것은 이 유아적인 질문이 머리에서 떠나지 않게 된다는 뜻이다. 아무도 답할 수 없는 질문을 아주 정직하게 떠안는 것이다.

나 자신은 초등학교 1학년 무렵 이런 종류의 광기에 사로잡힌 적이 있다. 그때는 심장의 '두근·두근'하는 고동과 고동 사이의 '휴지'가 무서워 견딜 수가 없었다. '두근' 하고 있을 때는 확실히 나는 살아 있다. 하지만 '두근'이 끝나고 다음 '두근'이 올 때까지 그 사이에 나는 '어쩌면 다음 〈두근〉은 영원히 오지 않는 게 아닐까' 하는 생각에 그 짧은 휴지를 공포 속에서 지냈다. 하루 종일 '두근'과 '두근' 사이에서 불안해하며 어찌할 바를 모르기 때문에 충분한 신경증 환자다. 어른들은 왜 언제 죽을지 모르는데도 무섭지 않은 걸까 하고 어린 마음에 그것이 정말 신기했다.

성장하여 알게 된 것은, '어른'은 답이 나오지 않는 이런 질문을 잘 피하기 위한 기법을 터득하고 있다는 사실이었다. 그 '기법' 중 하나가 '철학하는 것'이다.

철학이란 인간의 존재 근거를 묻는 '방식'을 말하며 답할 수 없는 질문(우주의 기원은 무엇인가, 우주 끝에는 뭐가 있는가, 시간은 언제 시작되고 끝나는가, 사후에 우리는 어디로 가는가 등등)에 대해 생각하는 '방식'을 말한다. 철학은 뭔가 '답'을 제공하는 것이 아니라 '답이 잘 나오지 않는 질문'을 다루기 위한 기법이다.

선禪의 공안은 그 기법의 대표적인 것이다. '부모미생이전父母未生以前의 나'(부모가 태어나기 전의 나는 누구일까?)라는 공안은 바로 '답이 없는 질문'이다. 이런 종류의 질문은 애초에 답하는 걸 요구하지 않는다. 공안의 목적은 '답 없는 질문'에 어떻게 대처해야 하는가 하는 지知의 훈련에 있고, 주로 질문을 기대하는 틀과는 다른 틀로 '비켜 놓는' 기법의 습득에 있다.

데카르트의 '신의 존재 증명'도 묻는 방법은 다르지만 '효과'는 같다. 데카르트는 이렇게 묻는다. "왜 유한한 존재인 인간이 '무한'이라는 개념을 가질 수 있을까?"(이는 "왜 '우주의 끝' 같은 걸 본 적도 없는 아이가 '우주의 끝'은 어떻게 되어 있는지 생각하고 고민할 수 있을까?" 하는 물음과 같다.)

이러한 철학적 사고에 의해 어른들은 광기를 교묘하게 회피한다. 어떻게 회피할 수 있는가 하면, 선禪도 데카르트도 '사고할 수 없는 것'에 대해 사고하는 것은 '대단히 지적인 기법이고 숭고한 행위'라는 (실은 전혀 근거 없는) 전제를 모르는 체하고 채택해버리기 때문이다.

철학이 우리에게 가르치는 것은 답이 안 나오는 질문을 이것저것 고민하는 것은 지적으로 성실한 증거이고 무척 '좋은 일'이라는 '거짓말'이다.

여러분, 잘 아시는 대로 인간이라는 것은 '하지 마'라고 하면 정색을 하고 하는 주제에 '무척 좋은 일이니 자꾸 하세요'라고 하면 그 순간 의욕을 상실하는 난감한 동물이다.

이모가 시킨 울타리의 페인트칠을 하지 않기 위해 톰 소여가 한 가지 계책을 생각해낸 이야기를 기억하고 있는가. 톰의 친구인 악동이 다가온다. 톰은 페인트칠이 너무나도 싫지만 싱글벙글 기쁘게 일하는 것처럼 보여준다. 사과를 한입 가득 먹으며 멍하니 페인트칠을 보고 있던 친구는 톰이 너무 즐거워 보여 왠지 모르게 페인트칠이 해보고 싶어진다. 그래서 "저기, 나도 한번 칠해보자" 하고 톰에게 부탁한다. 여기가 거래의 중요한 순간이다. 톰은 딱 잘라 거절한다. "싫어. 이렇게 즐거운 일을 남한테 하게 할 수는 없어. 안 돼, 안 돼." 이렇게 안 된다는 말을 듣게 되자, 더욱 하고 싶어서 견딜 수가 없다. 필사적으로 부탁해서 결국 "울타리를 전부 칠하게 해주면 이 사과를 줄게"라는 데까지 조건을 끌어올린다. 톰은 마지못해 (내심은 희희낙락하며) 솔을 건넨다.

철학이 '마음을 앓고 있는' 우리에게 하는 '거짓말'도 이와 동일한 구조를 갖고 있다.

세상의 보통 부모들은 아이가 "저기, 우주 끝에는 뭐가 있어?"라든가 "죽은 뒤에는 어떻게 돼?"라고 집요하게 물으면 "아, 귀찮게. 그런 건 생각하지 않아도 되니까 숙제나 해"라는 식으로 대응한다. 이렇게 해서는 완전히 역효과만 난다.

이런 난감한 질문에는 "정말 멋지고 철학적인 문제구나. 그런 것을 생각하는 건 굉장히 지적인 일이지. 자, 숙제 같은 건 됐으니까 여기에 있는 『방법서설』과 『존재와 시간』을 똑똑히 읽고 훌륭한 사람이 되어라"라는 식으로 대응하는 것이 옳다. 그런 말을 듣는 순간 아이는 바로 의욕을 잃고 코기토와도, 존재론적 불안과도 무관한 평범한 사람이 되는 것이다.

정신병원을 퇴원하여 회복하는 과정에 있는 사람들이 철학에 끌리는 것은 아주 자연스러운 일이라고 나는 생각한다. 그들은 그것이 '평범'으로 가는 왕도라는 것을 직관적으로 알고 있는 것이다.

(1999/4)

사람은 '도라에몬'만으로 어른이 될 수 없다

이번 주는 독서 주간이라고 한다. 신문 사설에서는 "여러분 책을 읽읍시다"라고 격려하고 있지만 조례 때 교장선생님의 훈화와 마찬가지로 이런 말을 듣게 되는 것은 이미 '책도 끝' 이라는 뜻이다.

요즘 젊은 사람들은 책을 읽지 않는다. 물론 미스터리, 연예인이 낸 책(사진집), 패션잡지, 가이드북, 가정용 게임기 공략본은 읽겠지만 '고전'이나 '외국 문학' 같은 건 전혀 읽지 않는다. 이제 완벽할 정도로, 전혀, 그리고 감동적일 만큼 읽지 않는다.

일전에 도쿄대의 교수와 그 이야기를 할 기회가 있었다. 그 교수의 수업에서 "지금까지 읽은 적이 있는 프랑스 문학 작품의 제목을 쓰라"는 앙케트를 했더니 그중에 '카프카'라는 한마디만 쓴 학생이 있었다고 한다.

그러자 옆에 있던 모 사립대학의 같은 프랑스문학 교수가 "하하하, 농담이라도 그런 말을 하면 안 되네. 그런 정도에 탄식해서야 내가 설 자리가 없지 않은가"라고 대답했다. 그 교수의 수업에서는 학생들이 자신이 연구한 주제를 써서 제출하게 되어 있는데 학생들 중 전공 연구 주제로서 「카뮈트르와 사르カミュトルとサル」*라고 써서 낸 학생이 있었다고 한다.

「카뮈트르와 사르」. 지어낼 수도 없는 폭력적인 현실감을 느낀다.

시대는 변했다.

내가 고등학교에 다닐 때 국어 교과서에 나왔던 시인 '나카하라 추야中原中也'라는 이름을 읽을 수 없어서 작은 목소리로 '나카하라 나카야'라고 읽은 동급생이 있었다. 그는 그 후 3년간 누구도 상대해주지 않는 어두운 청춘을 보내야만 했다. 우리가 너무 짓궂었는지도 모른다. 그러나 그런 긴장감 때문에 그 무렵의 우리는 좋든 싫든 간에 모종의 책과 마주하는 것을 강요당했던 것이다.

고역을 견디며 읽어야 하는 책이 있다. 고등학생이나 대학

* 원래는 「카뮈와 사르트르カミュとサルトル」라고 썼어야 한다.

생이 갖고 있는 지식이나 감수성이나 이해력을 갖고서는 전혀 감당할 수 없고 그것을 끝까지 다 읽기 위해서는 자신의 사고 틀의 용량을 억지로 늘려야 하는, 때로는 자신의 유치한 세계관이 해체되는 고통을 견뎌야 하는 독서 경험이 있다. 고등학생이 마르크스나 니체나 도스토옙스키나 바타유를 읽는 것은 어떤 의미에서 그런 딱한 경험이다. 도스토옙스키의 『악령』이나 바타유의 『내적 체험』을 읽는 중에 "마코토, 밥 먹어라"라는 말을 듣고 아래층으로 내려가면 텔레비전에 눈을 준 채 후루룩 우동을 먹고 있던 어머니가 "너, 엔도 구미코와 나카야마 에미리*를 구별할 수 있어?" 하고 갑자기 물었을 때 마코토의 마음속에 오가는 '깊은 슬픔'을 이해할 수 있는 사람은 가족 중에 없다.

그가 『악령』을 '엔터테인먼트로서 읽는' 데까지 성숙했다면 어쩌면 어머니의 순진무구한 질문을 상냥하게 받아넘길 수 있었을지도 모른다. 그러나 힘들게 도스토옙스키를 읽고 있는 고등학생에게는 그런 포용력이 없다. 그는 미워해야 할 '무지'를 구현하고 있는 '우동을 후루룩거리는 어머니'를 응시하며 그 때까지 친밀함과 따뜻함을 느꼈던 세계가 급속하게 퇴색해가는 것을 느낀다. "아아, 이것이야말로 하이데거가 말하는 〈세

* 둘 다 1978년생으로 약간 닮아 보이는 연예인.

계의 적소전체성Bewandt-nisganzheit*의 붕괴〉이고 카뮈의 〈부조리〉다"라고 혼자 중얼거리며 마코토는 집에서 점차 말수가 적고 음침한 소년이 되어가는 것이다. 그는 다시 쾌활한 어머니를 사랑하는 방식을 배울 때까지 앞으로 많은 책을 읽어나가지 않으면 안 될 것이다.

훌륭한 책은 우리를 낯선 풍경 속으로 데려간다. 그 풍경이 너무나 강렬해서 우리는 이미 자신에게 익숙한 세계에 이전처럼 잘 친숙해질 수가 없다. 그렇게 해서 더욱 낯선 세계로 헤치고 들어가지만 반드시 "아, 여기서부터는 더 나아갈 수 없다"는 지점에 이른다. 그리고 다시 '원래의 세계'로 돌아왔을 때 우리는 익숙해야 할 세계가 그때까지와는 다른 빛으로 빛나고 있는 것을 아는 것이다.

젊은 사람에게 필요한 것은 이 끝없는 자기 해체와 자기 재생이라고 나는 생각한다. 사랑한 것을 미워하게 되고 한번은 미워한 것을 다시 받아들이는 방식으로 우리는 조금씩 성장해간다. 그것을 위해서는 어렸을 때부터 책을 매개로 '이계異界'와 '타자'를 만나는 것이 절대로 필요한 것이다. 아무리 뛰어난

* 모든 도구는 그 목적에 맞는 형태로 적재적소에 있다. 또한 그렇지 않으면 도구로서 도움이 되지 않는다. 그러므로 실존적으로 보아 도구화될 수 있는 가능성이 있는 '도구적 존재'는 모두 물질적으로 '적소전체성'이 있다고 할 수 있다.

이야기라고 해도 사람은 『도라에몬』만으로 어른이 될 수 없다.

여러분, 문학을 읽읍시다.

(1999/4)

열일곱 살의 범죄에 대하여

열일곱 살의 범죄가 연속해서 일어났다.

원인은 여러 가지겠지만 그런 현상을 관통하는 것이 적어도 한 가지는 있는 것 같다.

'사회 제도 일반'에 대한 공격적이기까지 한 멸시다.

그것에 대해서라면 나도 안다.

열일곱 살 때의 나도 그와 같았기 때문이다.

나는 열일곱 살 때 고등학교를 그만두고 집을 나갔다.

잘 생각하면 이상하지만 특별히 나는 집에도, 고등학교에도 구체적으로 뭔가 두드러진 불만이 있었던 것은 아니다.

우리 집은 그때까지 나의 (상당히 불성실한) 생활 태도에 기본적으로 관대하여 거의 간섭하지 않았다. 학교 자체도 냉정하게 평가하면 1967년 시점에 생각할 수 있는 범위에서 가장 제약이 적은 마음 편한 학교였다.

그런데도 나는 집이 나의 자유를 해치고 고등학교는 감옥이라고 믿었다.

내가 항거한 것은 구체적인 우리 집이나 히비야고등학교가 아니라 추상적인 '가정'과 '학교'라는 관념이었다.

지금 생각하면 소년의 폭력적인 추상 관념의 희생자가 된 우리 집 식구나 고등학교 선생님들에게는 무척 죄송하게 생각한다.

하지만 왜 그렇게 되었던 것일까.

이유는 분명하다. 지금도 뚜렷하게 기억하고 있다.

열일곱 살의 어느 날 나는 갑자기 '세계를 한눈에 바라볼 수 있는 비인칭적인 관점', 이를테면 '라플라스의 악마'*의 관점을 욕망한 것이다. 이는 당치도 않은 일이다.

요시모토 타카아키식으로 말하자면 나는 '대중'에서 '지식인'으로 소속 계급을 단숨에 변경하기를 바랐던 것이다.

세계를 한눈에 내려다보고 싶다. 하지만 가련하게도 열일곱 살의 소년은 '세계'를 거의 모른다.

모르지만 '알고 있'는 것으로 하지 않으면 그 이동은 성취되

---

* 프랑스의 수학자 피에르 시몽 라플라스가 상상한 가상의 존재. 현재에 대해 모든 것을 알고, 그것을 통해 미래를 유추하는 존재다.

지 않는다.

어쩔 수 없기에 소년은 '세계에는 알 만한 가치가 있는 것이 없다'고 단정하게 된다.

나는 니체를 읽고 마르크스를 읽고 프로이트를 읽었다.

아이의 직관은 무시할 수 없다.

이 세 사람은 열일곱 살의 '사이비 지식인'에게 더할 나위 없을 만큼 최선의 선택이었기 때문이다.

그들 세 사람 다 "세상의 상식이라는 것은 모두 환상이다"라고 썼다.

사회 제도를 성립시키는 것은, 니체에 따르면 '어리석음'이고 마르크스에 따르면 '부르주아 이데올로기'이고 프로이트에 따르면 '리비도'였다.

열일곱 살의 나는 어느 것이나 좋았다.

어쨌든 이 세상의 여러 제도를 성립시키는 근거는 '별것 아닌 것'이라는 사실을 알기만 하면 되었던 것이다.

'열일곱 살의 위기'는 어떤 동물의 '탈피脫皮'에 비할 수 있는 거라고 나는 생각한다.

그때 우리는 등신대의 생활 영역에 편하게 자리 잡고 있는 '구체적 생활자'라는 것을 그만두고, 비인칭적인 관점에서 차갑게 세계를 내려다보고 싶다는 강렬한 욕망에 불타오른다.

그것은 비인간적이고 교만하고 분수를 모르고 이기적인 욕망이다.

열일곱 살짜리는 기쁘게 가족과 저녁식사 테이블을 둘러싸고 앉아 모두가 텔레비전 드라마를 보는 옆에서 『내적 체험』을 읽는 대담한 행위는 할 수 없다.

"바보 같은 소리 하지 마." 이런 말을 내뱉으며 '마코토(17)'는 2층의 자기 방으로 뛰어올라간다.

문을 탕 닫으며 "저것들 그냥 몰살해버릴까"라는 말이 문득 나오는 폭력적이기까지 한 '일상'을 버리는 것은 '대중'에서 '지식인'으로 '이륙'하는 캐터펄트다.

아이는 그것 없이는 '하나 더 앞'으로 나아갈 수가 없다.

"마코토, 딸기 먹을래?"

"응, 지금 질 드레*가 아이를 토막 내는 장면이니까 이걸 읽고 나서 먹을게."

마코토가 이런 '어른의 대화'를 할 수 있으려면 앞으로 10년의 수행이 필요하다.

많은 사람에게 성장 과정에서 '열일곱 살의 위기'는 불가피하다.

---

* Gilles de Rais(1404~1440). 프랑스의 귀족. 장군, 군인. 잔 다르크의 전우. 잔 다르크가 처형된 이후 사탄 숭배와 유아의 유괴 및 살해 혐의로 재판을 받고 처형당했으며, 후대에 그의 이름은 '푸른 수염' 이야기와 연결되었다. 훌륭한 인품을 가졌던 질 드레가 엽기적인 살인마가 된 것은 사랑했던 잔 다르크를 지키지 못한 충격 때문이라고도 한다. 또한 질 드레에게 씌워진 연쇄살인의 죄명도, 당시 프랑스 국왕보다 넓은 땅을 가졌던 질 드레를 제거하기 위한 정치적 음모였다는 설도 있다.

세계를 가상적인 '한눈'에 포착하고 싶다는 욕망은 필연적으로 폭력적이다.

"죽음이 어떤 것인지를 이 눈으로 경험하고 싶었다"는 열일곱 살짜리 살인자의 말은 아주 정확하게 이 욕망을 가리키고 있다.

왜냐하면 '죽음'이야말로 이를테면 '구체적 생활'의 극한이기 때문이다.

아무리 박람강기의 늙은 현자라고 해도 '죽음'에 대해서는 실제적으로 말할 수 없다. 왜냐하면 아무리 현자라 하더라도 죽음은 아직 경험하지 않았기 때문이다.

그러나 비록 열일곱 살짜리라 하더라도 결단만 하면 그것을 자신의 것으로 하는 것도, 그것을 타인에게 주는 것도 할 수 있다.

'죽음'은 열일곱 살짜리의 '비장의 카드'다.

열일곱 살인 나는 니체, 마르크스, 프로이트 안에서 인류에 대한 '사망 선고'를 들었다.

그것은 나에게 가상의 '소 잡는 칼'이었을 것이다.

가상의 '소 잡는 칼'과 진짜 '소 잡는 칼' 사이에 어느 정도의 거리가 있는지 나는 아직 잘 모른다.

(2000/5)

학교에서 배워야 할 단 한 가지

오랜만의 휴일이고 빨래하기 좋은 날이어서 행복한 기분으로 빈둥거린다.

신문의 티브이 편성표를 보니 무라카미 류가 NHK에서 생방송으로 교육 문제에 관한 끝장 토론을 하고 있다. 당장 식후의 커피를 마시며 본다.

꽤 재미있다.

학교 교육에 대해 '틀렸다', '붕괴했다'는 사실 인지를 수백 번 되풀이해도 그 앞으로 나아갈 수가 없다.

지금의 학교 교육이 근본적인 개혁을 필요로 한다는 것은 누구나 알고 있다.

그렇다면 문제는 교육 제도를 어떻게 바꿀까 하는 것과 '바꾸기' 위한 의지 결정 과정을 어떤 방식으로 시작할까 하는 두 가지 수준과 관련된다.

이는 어느 것이나 아주 중요한 문제다.

'어떻게 바꿀까?' 하는 문제와 '누가 어떤 방식으로 그것을 결정할까?' 하는 문제는 복잡하게 서로 얽혀 있다.

총리의 자문기관 같은 곳에서 교육의 미래에 대한 설계도를 그리는 한 일본의 교육에 미래는 없다. 그것은 분명하다.

왜냐하면, 예컨대 그런 위원회에 모이는 사람들은 '일본 문화는 점점 퇴화해간다'라든가 '국제 사회에서 일본의 영향력은 축소되어간다'라든가 '일본 경제는 이대로 침체를 계속할 것이다'라는 '전제'에 서서 발상하는 것이 원리적으로 허락되지 않기 때문이다.

그러나 현실에서 우리의 아이들 세대는 자신들이 부모가 될 무렵 일본은 더욱 가혹한 상태가 되어 생활 수준도, 지적 수준도 지금보다 떨어질 거라는 예측 아래 생활 설계를 하고 있다.

아이들의 직관을 가벼이 여겨서는 안 된다.

그런 '근미래에 대한 비관적인 전망'을 전제로 그런 취약한 지적 인프라 위에서 어떻게 교육 제도를 재건할 수 있을까 하는 형태로 교육의 미래에 대해 이야기할 필요가 있을 것이다.

무라카미 류는 작가적 직관에 기초하여 '학교에 다닌다'는 것이 복수의 교육 옵션 가운데 하나가 되는 제도를 구상하고 있다.

나는 그런 전망에 찬성한다.

'지식'에 대해 말하자면 내가 지론으로 말하는 것처럼 그런 것은 아무리 부지런히 모아도 아무런 보탬도 되지 않는다.

필요한 것은 '지식'이 아니라 '지성'이다.

'지성'이라는 것은 간단히 말하면 '매핑mapping'하는 능력이다.

'자신이 무엇을 모르는지'를 말할 수 있고 필요한 데이터와 기술이 '어디에 있고 어떤 수순을 밟으면 손에 들어오는지'를 알고 있는 것이 '지성'의 작용이다.

학교라는 곳은 원래 그것만 가르쳐야 한다.

오래된 비유를 쓰자면 '물고기를 먹이는' 것이 아니라 '고기 잡는 법을 가르치는' 곳이다.

자신이 무엇을 모르고 무엇을 할 수 없는지를 말하기 위해서는 자기 자신을 포함한 시스템 전체에 대한 개괄적인 '겨냥도'를 갖고 있을 필요가 있다.

자신이 이 사회의 어떤 위치에 있고 지금 나아가고 있는 길은 어디로 향하고 있으며 그 앞에는 어떤 분기점이 있고 각각의 분기점은 어디로 연결되어 있을까. 그것을 알지 못하는 자는 매핑을 할 수 없다.

매핑을 할 수 없다는 것은 주체성을 가질 수 없다는 뜻이다.

왜냐하면 매핑이라는 것은 '자신이 있는 장소', 즉 '공간에서 자신이 차지하는 장소', 다시 말해 '다른 누구에 의해서도 대체 불가능한 장소'를 특정하는 것이기 때문이다.

학술 연구 논문이 먼저 선행 연구 비판에서 시작하는 것은 '자신의 위치를 아는' 것이 자신의 '오리지널리티', '유일성'을 알기 위한 단 하나의 방법이기 때문이다.

주체성이란 '자신은 다른 누구도 대체할 수 없는 존재'라는 지각과 함께할 때만 성립한다.

그것을 위해서는 매핑이 불가결하다.

그리고 매핑을 위한 물음이란 '나는 어디에 있는가?', '나는 어떤 사람인가?', '나는 뭘 할 수 있는가?' 하는 실제적인 물음이 아니라 '나는 어디에 있지 않은가?', '나는 어떤 사람이 아닌가?', '나는 뭘 할 수 없는가?' 하는 일련의 부정적인 물음인 것이다.

학교 교육이란 원래 그런 부정적인 질문을 하는 연습을 위한 장이다.

자신이 '무엇을 모르고 무엇을 할 수 없는지'를 정확히 파악하고 그것을 말로 하며 그것을 '얻을' 수 있는 기회와 조건에 대해 배워서 아는 것, 그것이 학교 교육에서 우리가 배우는 것의 거의 대부분이다.

그것만 제공할 수 있다면 모든 장소는 '학교'다.

그것은 제도일 필요도, 공간적 현실일 필요도 없다.

예컨대 사이버 공간은 이미 충분히 학교로서 기능하고 있다.

왜냐하면 거기서 뭔가의 데이터를 얻으려고 하는 것은 무엇보다 먼저 '자신은 어떤 데이터를 결여하고 있는가', '자신은 그 데이터에 도달하기 위한 어떤 기술을 결여하고 있는가'를 가능한 한 알기 쉬운 말로 교신 상대에게 전할 필요가 있기 때문이다.

자신의 '결여'나 '불능'을 적절히 언어화할 능력을 인간관계로 번역하면, 그것은 예절decency이라 불린다.

찾고 있는 데이터를 기다릴 때의 인내와 침묵은 '경의respect'라 불린다.

지성intelligence이란 '자신의 불능을 언어화하는 힘'의 다른 이름이고 '예절'과 '경의'의 다른 이름이다.

그것이 학교 교육에서 습득해야 할 기본이다.

그 원점으로 돌아간다면 우리 앞에는 아직 무수한 가능성이 열려 있는 것으로 보인다.

(2000/11)

유아 학대의 확대 재생산을 막기 위하여

'유아 학대'에 대한 수업 보고서 세 편이 도착했다.

모두에게 상당히 현실적인 문제일 것이다.

그것에 대한 나의 의견은 다음과 같다.

"부모가 아이를 학대한다는 것은 있을 수 없다"라는 식으로 우리는 오랫동안 믿어왔다.

그 '있을 수 없는' 일이 실제로 일어난 이상 그것은 '있을 수 있는 일'인 것이라는 데로 논의의 출발점을 되돌려야 한다.

"아이가 예쁘지 않은 부모가 있어도 어쩔 수 없다. 그것을 인정한 상태에서 방법을 생각해보자."

확실히 이 말 그대로다.

뭐가 나쁜 걸까?

유아를 학대하는 부모를 '만들어내는' 사회적 원인은 무엇일까?

그것을 해명하는 일은 확실히 의의가 있는 일일 것이다.

그러나 이 문제에 대해 '원인은 무엇일까' 하는 논의로 나아갈 때 나는 약간 마음에 걸리는 게 있다. 아주 작은 위화감을 느낀다.

자기 자식을 학대하는 부모들에게는 '부모로부터 사랑받은 경험'이나 '농밀한 커뮤니케이션 경험'이나 '유아에 대한 적절한 지식'이 결여되었다는 것은 분명한 사실일 것이다. 그래도 그들에게 가장 결여되어 있는 것은 '책임' 감각이 아닐까, 하고 생각한다.

평론가들 중에는 '자기 자신이 부모의 애정을 받지 못하고 자란 아이'는 성장한 후 자신의 아이를 사랑할 수 없게 된다는 설명을 하는 사람이 있다.

이 경우 '책임'은 자기 자식을 학대한 부모가 아니라 '자기 자식을 학대한 부모'를 키운 부모에게 미뤄지게 된다(그리고 그 '부모의 부모'에게).

또는 '전업주부'라는 생활 자체가 폭력과 증오의 온상이라고 설명하는 사람도 있다.

이 경우 '책임'은 수많은 여성에게 전업주부라는 '잘못된' 삶을 강요한 사회 구조로 돌아가게 된다.

또는 '아버지의 부재'가 안 좋았다고 설명하는 사람도 있다.

이 경우 '책임'은 노동자를 혹사하는 자본주의 기업이나 통근에 몇 시간이나 걸리는 열악한 주거 환경을 방치한 정부의 무책임에 돌아간다.

또는 생활력이 없는 부모를 도와줄 공립 시설의 부재가 원인이라는 사람도 있다.

이 경우에도 '미혼모'나 '일정한 직업이 없는 부모'를 후원할 시설을 충실하게 마련하지 못한 행정의 태만이 책임을 맡게 된다.

어떤 설명을 해도 좋고, 그것들 하나하나는 확실히 나름대로 설명이 되기는 한다고 생각한다. 하지만 왠지 그런 설명 방식에는 위화감이 든다.

'부모로서의 책임'의 결여가 문제가 되었을 때 '부모로서의 책임 결여'의 '책임'을 '뭔가 다른 것'에 전가해도 좋을까? '책임감의 결여'가 문제가 될 때 그 해결책이 '책임감의 결여 책임'은 '당사자 이외의 곳에 있다'는 설명에서 출발해도 좋을까? "당신이 책임감을 결여한 것은 당신 책임이 아닙니다"라고 말해주는 것은 그 사람 자신에게, 그 사람을 포함한 집단에게 그렇게 좋은 일일까?

나는 그렇게 생각하지 않는다.

역시 "당신은 책임감을 결여하고 있는데 '책임감을 결여한 것'의 책임은 본인이 떠맡을 수밖에 없다"고 정확히 전해야 한다고 생각한다.

나는 단순히 '양육은 부모의 책임'이라는 식으로 생각해왔다.

육아 서적이나 '사랑의 본능'에 육아의 책임을 지게 할 수 없는 것과 마찬가지로 사회 제도나 교육 정책에 육아의 책임을 지게 할 수도 없다.

양육은 '내 책임'이다.

우리 집은 아이가 여섯 살 때부터 부녀 가정이었는데 나에게는 롤 모델이 될 만한 '부녀 가정'이 없었다. '올바른 부녀 가정의 모습' 같은 건 아무도 가르쳐주지 않았고 어떤 육아 서적에도 쓰여 있지 않았다. 하는 수 없이 일단 스스로의 판단으로 '중요한 일은 모두 둘이 이야기해서 정한다'는 원칙을 채택하기로 했다.

아무튼 구성원이 둘밖에 없는 집단이어서 그것을 효율적으로 운영하기 위해서는 파트너인 아이의 전면적인 협력이 불가결하다.

그리고 아이로부터 전면적인 협력을 얻어내는 조건은 하나밖에 없다.

그것은 그녀의 의견을 최대한 존중하는 것이다. 어떤 것이라도 딸과 의논하여 결정한다. 그것이 딸에게서 협력을 얻어내

부녀 가정을 효율적으로 운영하는 단 하나의 방법이라고 나는 생각했다.

그것은 어린 딸을 원칙적으로 '어른 취급'하는 것이고, 때로는 아무리 생각해도 여섯 살이나 일곱 살 아이가 판단할 수 있을 리 없는 복잡한 문제에 대해서도 의견을 구하는 일이었다.

나중에 어느 교육학자에게 나의 교육 방침은 육아상의 금기를 건드린다는 지적을 받은 일이 있다. 어린 아이에게 중요한 선택을 강요해서는 안 된다는 말을 들었던 것이다. 그것이 아이의 트라우마가 되는 일이 있다고.

정말 그렇다.

너무 늦긴 했지만.

하지만 그 교육학자가 나를 '나무란' 것은 옳다.

왜냐하면 '부녀가 이야기를 해서 뭐든지 결정한다'는 방침을 결정한 것은 '우리'가 아니라 '나'이기 때문이다. 그런 이상 '부녀가 이야기를 해서 뭔가를 결정하는' 시스템에서 생긴 트러블은 모두 내 책임이 된다. '우리의 책임'이 아닌 것이다.

나는 부모의 책임이란 그런 거라고 생각한다.

아무리 민주적인 시스템이라고 해도 "민주적인 시스템이 아니면 안 돼. 반대는 허락하지 않겠지만"이라고 결정한 부모의 방식은 전혀 민주적이지 않다. 그러므로 그 시스템에서 파생한 모든 트러블의 책임은 모두 부모가 질 수밖에 없다고 나는 생각한다.

'육아에 대해서는 모든 것이 내 책임이다'라고 언명하는 사람, 그것이 '부모'라고 나는 생각한다.

'육아는 (부분적으로밖에) 내 책임이 아니다'라고 생각하는 사람은 비록 생물학적으로는 '부모'라고 해도 '부모'가 아니다.

더구나 자기 방어 능력이 없는 존재, 폭력을 휘두르는 그 사람에게 보호받는 것 이외에 살아갈 수 없는 약한 존재를 가해하는 자에게는 어떤 의미에서든 '부모' 자격이 없다고 나는 생각한다.

부모 쪽에 아이에 대한 폭력에 이르는 '안타까운' 사정이 있더라도 아이에게 휘두르는 폭력을 '본인의 책임 이외의 이유'로 설명하는 것에 나는 반대한다.

왜냐하면 '부모'라는 것의 본질은 '자기 자식에 대한 책임을 다른 누군가보다 먼저 지려고 하는 것'에 있다고 생각하기 때문이다. 가령 '부모인 것'에 실패한 경우에도 그 책임을 자기 이외의 누군가에게 떠넘길 수 없다는 자제만이 부모를 부모이게 한다고 생각하기 때문이다.

아이의 부모가 된다는 것은 굉장히 무거운 책임을, '누구도 대신할 수 없는 책임'을 받아들이는 것임을 젊은 사람들에게 되풀이해서 알려야 한다고 생각한다.

아이는 '봉제 인형' 같은 귀엽고 흐물흐물한 것만이 아니다. 그것을 보호하고 양육하는 자의 '전면적 책임'을 요구하지 않을 수 없는 존재다. 그리고 그런 책임을 감내할 만한 심신의 성숙을 요구하지 않을 수 없는 존재다.

“그런 무거운 책임 같은 건 지고 싶지 않다. 성숙하고 싶지도 않다”고 말하는 사람에게는 “그렇다면 부모가 되는 걸 그만두세요”라고 말할 수밖에 없다고 생각한다.

그래서 일본의 인구가 줄어도 전혀 상관없다고 나는 생각한다.

성숙하지 않은 젊은이라도 간단히 아이를 낳을 수 있도록 합시다, 하고 세상물정을 잘 아는 체하는 얼굴로 주장하는 사람이 있다. 부모가 된다는 무거운 책임을 짊어질 수 없는 젊은이들을 위해 재정적 지원을 하거나 탁아소나 보육원을 정비하고 지역의 육아 경험자가 원조하자는 제안은 얼핏 인도적이고 합리적인 것 같지만, 요컨대 부모인 것의 책임을 경감함으로써 출산아 수를 확보하려는 야비하고 비교육적인 인구 정책에 지나지 않는다.

그것은 단지 젊은이들의 성숙을 방해하고 부모로서의 책임감을 잃게 하는 것, 즉 ‘유아 학대’의 확대 재생산밖에 낳지 않을 거라고 나는 생각한다.

(2001/3)

제 2 장

노인 국가를 향하여

꿈같은 중년의 싱글 생활

'중년의 싱글 생활 평론가'인 세키카와 나츠오關川夏央에 따르면 남자의 올바른 삶의 방식은 "남들처럼 결혼하고, 그러고는 남들처럼 이혼하고, 딸만 거두어 부녀만의 생활을 하는 것이 인생의 최고 선택"이라고 한다.(『중년의 싱글 생활』)

웬걸, 나는 그것도 모르는 사이에 '인생의 최고 선택'을 한 셈이다. 어쩐지 인생이 재미있다 했더니 그런 것이었던가.

하지만 '딸과 나'의 중년 싱글 생활에 대한 동경은, 생각건대 딸이 태어나기 훨씬 전인 내가 아직 20대이던 무렵부터 이미 내 안에 그 징조가 있었던 것 같다.

나에게 '딸과 나'의 꿈같은 생활을 결정적으로 각인한 사람은 오즈 야스지로다.

나의 일본영화 베스트원은 〈꽁치의 맛秋刀魚の味〉(1962)이고 제2위는 〈만춘晩春〉(1949)이다. 나는 이 두 작품을 '남자가 올바로 늙어가는 법'을 위한 뛰어난 가이드북이라고 생각한다.

두 작품 모두 주인공(류 치슈笠智衆)은 아내를 먼저 잃고 아이(들)와 살고 있는 중년 남자다. 특히 내가 롤 모델로 삼은 것은 〈만춘〉의 소미야曾宮 교수다.

소미야 교수는 도쿄의 혼고에 있는 대학의 경제학 교수로, 기타카마쿠라에서 딸 노리코(하라 세쓰코原節子)와 둘이서 즐겁게 살고 있다.

소미야 교수는 그다지 열성적인 학구파는 아닌 듯 첫 부분의 원고 쓰는 장면에서도 도와주는 조교를 상대로 박식함을 과시하는 중에 전날 밤의 마작에서 점수 계산을 잘못한 이야기로 일탈하더니 금세 마감일이 닥친 원고를 내팽개치고는 이웃 아저씨를 불러 마작 한 판을 하자고 꾀는 난감한 아저씨다(이 부분은 나와 통하는 점이 있다).

요코스카선 차내에서 나눈 딸과의 대화에서 볼 때 교수회의를 하는 날짜마저 잊고 있는 듯하기 때문에 학내에서도 그다지 대단한 지위에 있다고는 여겨지지 않는다(이 부분도 나와 같다).

그리고 허물없는 친구와 술을 마시며 열심히 잡담을 할 뿐이고 모처럼의 일요일에는 노가쿠도能樂堂*에 가서 노能**를 감상하는 것이 유일한 지적 취미인 듯하다(이 부분도 나와 다를 바

없다).

그렇게 마음 편한 소미야 교수에게 단 한 가지 마음에 걸리는 것이 딸의 혼사다.

〈만춘〉은 교수가 여동생(스기무라 하루코杉村春子)의 주선으로 딸의 혼담을 성사시키기까지의 우여곡절을, 종전 직후의 조용한 쇼난 해안, 긴자, 가마쿠라, 교토를 배경으로 늘어놓은 이렇다 할 스토리도 없는 영화다.

스무 살을 조금 넘겼을 뿐인 내가 왜 그토록 그런 영화에 열중했는지 그 이유는 잘 모르겠다. 확실한 것은 그 영화에서 내가 '남자가 성숙해가는 방법'에 대한 결정적인 각인을 갖게 되었다는 점이다.

나는 그 영화를 본 후 대학 교수가 되어 딸을 하나를 가졌고, 바다가 보이는 조용한 마을에서 딸과 둘이서 살며 친구들과 술을 마시고는 끝없이 쓸데없는 잡담을 늘어놓으며 휴일에는 가끔 노를 보는 남자가 되었다.

왜 그렇게 되었을까.

아마 인생의 다양한 기로(굉장한 말이다)에서 내가 얼마간의 선택지 중 '소미야 교수적인 것'을 우선적으로 선택해온 결과일 것이다.

---

* 노能를 전문적으로 공연하는 극장.

** 일본의 대표적인 전통 가면극.

오즈 야스지로는 평생 독신이었다. 그리고 계속해서 부부와 부모 자식의 문제만을 영화로 찍었다. 다만 그것은 단순한 가족의 애환을 그린 '홈드라마'가 아니다.

오즈가 집요하게 집착해온 주제는 '가족의 중요한 구성원이 결락된 가족 집단에서 남겨진 구성원은 어떻게 삶을 이어갈까' 하는 것이다.

오즈는 그것을 어떤 때는 모성애를 축으로(〈외아들〉), 어떤 때는 아이의 자립을 축으로(〈아버지가 있었다〉), 어떤 때는 지역 공동체의 힘을 축으로(〈셋방살이의 기록〉), 어떤 때는 우정을 축으로(〈가을 햇살〉) 그렸다. 그중에서 가장 성공한 것은 '아버지와 딸만 있는 가정에서 딸이 결혼하고 아버지 혼자 남는 이야기'다. 내가 오즈의 작품 중에서 가장 높이 평가하는 두 작품인 〈꽁치의 맛〉과 〈만춘〉은 그런 이야기 구성을 갖고 있다.

〈만춘〉에서는 딸을 시집보내면 소미야 교수는 둘도 없는 파트너이자 가장 좋은 이해자이며 그 자신의 삶의 보람이기도 한 딸을 잃게 된다. 그러므로 '이제 슬슬 혼기를 놓치고 있다'는 걸 알면서도 적극적으로 움직이려고 하지 않는다. 그러나 주위 사람들은 입만 열면 딸에게 적당한 배우자를 찾는 것이 아버지의 최대 책무이고 그 책무를 올바로 해내지 못하는 아버지는 무참한 노경을 맞이하게 될 거라고 그를 몰아세운다.

딸을 내놓지 않은 '벌'의 구체적인 실례가 〈꽁치의 맛〉에 나오는 '표주박'(도노 에이지로 東野英治郎)이다. 그는 중학교 한문

교사였지만 지금은 영락하여 변두리의 허름한 메밀국수집의 주인이 되어 있다. 그의 몰락 이유는 영화 안에서 확실히 설명되지 않는다. 하지만 "일찍 아내를 잃었기" 때문에 "그만 딸을 편리하게 이용해서" 딸의 혼기를 놓치고 만 일이 아버지가 불행한 원인이라는 것이 시사된다.

'표주박'의 몰락에는 인류학적 필연이 있다. 왜냐하면 '딸을 시집보내지 않은 아버지'는 근친상간의 금기incest taboo를 무의식적으로 침범하고 있기 때문이다.

근친상간의 금기는 부모와 자식 사이에 신체적인 수준에서의 성적 관계가 있었는지 어땠는지 그것과는 상관없다.

레비스트로스가 올바르게 지적한 대로 인류학적으로 인간사회는 '여자의 교환' 위에 성립해 있다. '교환'의 기본 원리는 "인간은 자신이 바라는 것을 타인으로부터 받는 것에 의해서만 손에 넣을 수 있다"는 것이다.

남자는 딸 또는 자매라는 형태로 여자를 '소유'하고 있다. 하지만 남자는 자신이 '소유'하는 여자를 자신을 위해 사용하는 것이 허락되지 않는다. 그는 일찍이 다른 남자가 '소유'했던 여자를 증여받아 자신의 아내로 삼았다는 '부채'를 지고 있다. 그러므로 그도 역시 '자신이 소유하는 여자'를 다른 남자에게 증여할 의무를 지고 있는 것이다. '여자의 교환'은 그렇게 이루어진다.

그러므로 '표주박'처럼 부채의 지급을 게을리하여 '여자의 순환'을 정지시킨 것은 '근친상간 금기의 침범자'로서 집단으로부터 따돌림을 당하게 되는 것이다.

특별히 소미야 교수도, 〈꽁치의 맛〉의 히라야마(아버지)도 레비스트로스적인 식견에 기초하여 딸의 혼인에 대해 생각하고 있는 것은 아니다. 주위의 성가신 간섭을 이기지 못하고 왠지 모르게 '슬슬 시집을 보내지 않으면 안 되겠는데' 하는 모호한 동의를 해준 것에 지나지 않는다. 그렇게 하면서 이 '아버지들'은 무의식중에 인류학적 필연성의 구도를 따르고 있다.

하지만 오즈의 영화에는 '그 뒤' 이야기가 이어진다.

〈만춘〉과 〈꽁치의 맛〉은 모두 딸을 시집보낸 날 밤 결혼식도 끝나고 허물없는 친구들과의 뒤풀이도 끝나고 혼자 귀가한 아버지가 딸의 부재에 의해 새까맣게 펼쳐지는 '가정 공간'을 가만히 바라보며 결연히 '혼자 살아가기 위한 레슨'을 시작하는 장면에서 끝난다.

소미야 교수는 서툰 손놀림으로 사과 껍질을 깎고, 히라야마는 부엌이라는, 그 영화에서는 항상 딸(이와시타 시마岩下志麻)의 영역이고 그가 결코 발을 들여놓으려고 하지 않았던 '일상의 장'에 자리를 잡고 눌러앉아 물을 마신다.

그들은 '둘도 없는 것을 결여한 생활'의 재개 때문에 혼자 일상으로 돌아온다.

구조주의의 고전인 블라디미르 프로프의 『민담 형태론』은, 수집한 모든 민담에 대해 이야기는 '가족 누군가가 없어져' 그것을 회복하는 것을 추진력으로 하여 진행한다는 사실을 지적하고 있다('공주가 마녀에게 잡혀가고 왕의 의뢰를 받은 용감한 사람이 공주를 탈환하러 떠난다'는 그 패턴이다).

이 이야기의 틀은 많은 영화에서도 무의식적으로 답습된다. '해피엔드'란 '이야기의 첫머리에서 결여되었던 가족의 완성'을 말한다.

'해피엔드'의 정형성定型性에 불만을 느낀 누벨바그나 아메리칸 뉴시네마의 영화 제작자들은 가족을 갖지 못하고 '잃을 만한 것을 갖지 못한' 고독한 주인공을 기꺼이 그렸다. 이 주인공들의 강력함은 그의 고독 안에 있다. 그러므로 그들이 '사랑할 만한 것', '잃을 만한 것'을 소유한 순간 그들은 '상처받을 가능성'이라는 부정적인 각인을 받아 종종 그것이 주인공들의 치명상이 된다(〈네 멋대로 해라〉도 〈사무라이〉도 〈뻐꾸기 둥지 위로 날아간 새〉도).

이것은 확실히 프로프가 말한 이야기 유형에는 들어가지 않는 '새로운 이야기'다.

하지만 '죽은 주인공'은 이제 두 번 다시 일상의 고독을 사는 일이 없다(그야 죽었으니까). 주체 그 자체의 소멸에 의해 '가족 누군가가 결여되고, 남겨진 사람이 그 부재를 견딘다'는 경험은 모조리 빼먹고 이야기된다.

오즈의 영화는 그 경험을 회피하지 않는다. 오히려 그 경험을 목표로 하여 이야기는 수렴되어간다.

'둘도 없는 것이 결여되어도 사람은 그 결여를 견뎌나갈 수밖에 없다'는 사실을 무언으로 들이댄 채 영화는 끝을 맞이한다(〈만춘〉도 〈꽁치의 맛〉도 〈도쿄 이야기〉도 〈가을 햇살〉도).

이는 우리에게 친숙한 이야기 틀에서는 벗어나 있다. 그리고 나는 오즈 이외에 그토록 집요하게 동일한 틀을 계속 그린 작가를 알지 못한다.

〈만춘〉에 열광했을 때 나는 아직 가족의 상실에도, 나 자신의 죽음에도 거의 현실감을 느낀 적이 없는 마음 편한 젊은이였다. 그런데도 나는 직관적으로 오즈 야스지로의 영화에서 많은 이야기가 회피해온 이 냉엄하고 통절한 경험이 언젠가 나를 기다리고 있다는 것을 배운 것이다.

다만 오즈 야스지로는 그 경험을 조금도 비통한 어조로 말하지 않는다. 실로 성숙한 정신은 '둘도 없는 것의 결여를 견디는' 경험을 '희망의 어법'으로 말할 수 있다는 것도 동시에 그때 오즈에게 배웠다.

그 이후 30년, 나는 이 '희망의 어법'을 습득하는 데 애를 써왔다. 앞에서 내가 '소미야 교수적인 것'이라고 명명한 것은 바로 이것이다.

(1999/4)

'인류의 멸망'이라는 악몽의 효용

나는 끽연자다.

21세기인 현재 끽연자라는 사실은 거의 범죄자라는 것과 같은 뜻이다. 경솔한 상대에게 끽연 습관이 있다고 알려서, 마치 '매일 나이프로 신체를 몇 군데쯤 잘게 잘라 피를 흘리지 않으면 아무래도 마음이 가라앉지 않습니다'라고 고백하는 자상행위의 상습자를 쳐다보는 듯한 눈빛을 받은 적이 있다.

하지만 끽연을 비판하는 사람들은 인간에 대해 약간 본질적인 것을 간과하고 있는 것 같다. 왜냐하면 인간은 결코 항상 자신의 건강을 배려하며 살고 있는 것이 아니기 때문이다. 자신의 건강을 해치는 것이 자신을 건강하게 하는 것보다 본인에게 쾌적하다는 마음의 움직임이 인간 중에는 존재한다.

자신의 내면을 들여다보면 알 수 있다.

우리는 '자신을 상처내고 싶다'는 도착된 욕망을 안고 살고 있다. 그러므로 자신의 신체에 상처를 입히게 되면 우리는 그 순간 근면해진다. 술을 마시고 담배를 피우고 몸에 나쁜 음식을 배불리 처넣고 쓰러질 때까지 일하고 쓰러질 때까지 논다.

'술을 적당히 마시고' '적당한 운동을 하고' '조금 양에 덜 차게 먹으라'고 마음 편히 말해주는 사람이 있지만, 이는 실로 곤란한 요청이라고 말하지 않으면 안 된다. 그것은 '적당'이라는 것이 원래 인간의 본성에 반하기 때문이다.

경험에서 말할 수 있는 것은 '기분이 나빠질 때까지 마시는' 것이 '약간 덜 마시는 것'보다 용이하다. '배터지게 먹는 것'이 '조금 양에 덜 차게 먹는 것'보다 쉽다.

오다지마 타카시小田嶋隆는 일찍이 "술이란 마시고 있을 때는 '부족한 것 같고' 다 마셨을 때는 반드시 '너무 많이 마시는' 음료다"라고 쓴 적이 있다. 술에 대해 이만큼 적절한 정의를 나는 달리 알지 못한다.

사람의 이런 모습을 나는 '몸에 나쁜 일을 하는 것이 몸에 좋은 일을 하는 것보다 인간의 본성에 맞다'는 식으로 정리하고 싶다. 왜 그런 본성이 인간에게 갖춰지고 말았는지 나는 잘 설명할 수가 없다. 설명할 수 없지만 그런 본성이 갖춰진 이상 그것은 아마 우리의 '유적類的 숙명'의 일부일 것이다.

자신의 신체를 망가뜨리고 싶다는 욕구와 마찬가지로 우리는 마음 어딘가에 '지구를 파괴하고 싶다. 인류를 멸망시키고 싶다'는 어두운 욕구를 안고 있다. 실제로 우리는 그런 상상을 하는 걸 아주 좋아한다.

우주에서 온 침략자가 인류를 몰살하러 오는 이야기도, 치명적인 바이러스가 세계에 만연하는 이야기도, 혜성이 지구에 충돌하는 이야기도, 화산이 대도회에서 폭발하는 이야기도, 쓰나미가 도시 문명을 삼키는 이야기도, 죽은 자가 되살아나 사람들의 뇌수를 갉아먹는 이야기도, 열대우림이 없어지는 이야기도, 푸른 대지가 사막화하는 이야기도, 극지의 얼음이 녹아 전 세계가 수몰되는 이야기도, 오존 홀에서 자외선이 내리쬐어 전 인류가 암으로 죽는 이야기도 우리는 아주 좋아한다. 그러므로 할리우드의 제작자들은 그런 영화에는 얼마든지 돈을 낸다.

아이들도 그런 유의 비극적인 결말을 아주 좋아한다. 극장판 〈도라에몬〉은 이미 지구 멸망의 위기가 노비타와 도라에몬의 활약으로 위기일발의 순간에 회피된다는 이야기다. 아이들이 좋아하는 것은 '모두가 행복하게 사는 이야기'가 아니라 '모두가 죽을 뻔하게 되는 이야기'인 것이다.

이러한 '지구 멸망 위기일발' 이야기에 공통되는 것은 주인공들의 유별나게 강한 운과 기적적인 우연에 의해 간신히 위기에서 벗어난다는 이야기 구성이다. 위기는 '우연히' 벗어난 것에 지나지 않고 본질적인 위기는 지금도 항상 거기에 있다

(바로 그렇기 때문에 수많은 패닉 영화에서는 마지막에 그 재앙이 다시 우리에게 닥칠 '징조'가 제시된다).

인간은 개체 수준에서도, 유적 수준에서도 '멸망해야 할 존재다'. 우리는 개체로서는 반드시 죽고, 인류도 앞으로 수억 년 뒤에는 흔적도 없이 사라질 것이다. 그러나 우리는 그것을 일상의 행위 안에서는 잊고 지낸다. 내일도 자신은 살아 있을 것이고 내년에도 지구는 있을 거라는 행복한 건망증 안에서 우리는 편안하게 살아간다.

'몸에 나쁜 것'을 하는 우리의 버릇은 어쩌면 '우리는 죽어야 할 존재다'라는 비통한 사실을 우리에게 떠올리게 하는 것을 그 임무로 하고 있는 건 아닐까. 우리가 자신의 신체를 집요하게 상처 입히고 파괴하는 것은 역설적인 일이지만 '우리는 아직 죽지 않았다'는 것을 확인하기 위해서가 아닐까.

나의 오랜 친구인 '오구치 갓짱'은 의사인 주제에 담배를 피우고 술을 마신다. 그는 '맛있게 담배를 피우고 술을 마시고 즐겁게 취하기 위해서 사람은 건강해야 한다'는 생각을 가진 사람이다. '불건강하게 살기 위해서는 우선 건강할 필요가 있다'는 그의 지론은 내게 무척 설득력이 있다.

인간은 '인류를 멸망시키는' 테크놀로지가 이론상 가능해진 순간 그 테크놀로지를 실용화하지 않을 수 있었던 '멋진' 생명체다. 그것은 우리가 구상할 수 있는 가장 두려운 상상을 구체적으로 사물로서 보고 싶다, 접하고 싶다고 생각하지 않을 수 없기 때문이다. 우리는 무서운 것에서 눈을 돌릴 수가 없다. 정말 무서운 것은 시선이 닿는 범위, 손이 닿는 범위에 있는 것이 마음이 편하기 때문이다.

핵무기는 '지구의 멸망'이라는 악몽의 구체적인 형태다.

핵무기는 사용하면 인류가 멸망한다는 상상을 감당하며 감히 발사 버튼을 누르지 않고 있을 때 비로소 우리의 '존재 실감'에 연약한 불이 켜진다. 우리는 그런 구제할 길 없는 생명체인 것이다. 자신들이 그런 생명체라는 것을 순순히 인정하자.

이 버튼을 누르면 도시가 어떤 식으로 녹아버리고 문명이 멸망하며 인간이 절멸하는가에 대해 가능한 한 모든 상상력을 동원하여 그것을 반복적으로 도상화하고 이야기로 만들어 사람들은 가슴 답답해지는 것과 동시에 가슴 두근거리는 것도 맛봐왔다. 그리고 '지구의 파멸'을 가능한 한 현실감 있게 상상하는 것, '인류의 종말'에 대한 차마 눈 뜨고 볼 수 없는 비참한 광경을 그려내는 것의 '즐거움'이 핵전쟁의 발발을 간신히 저지해왔다. 나는 그렇게 생각한다.

반대의 경우를 생각해보면 납득이 갈 것이다.

만약 핵무기를 가진 사람들에게 '지구의 멸망'이나 '인류의 종말'을 회화적으로 현실감 있게 상상하고 그것을 '즐기는' 능력이 부족했다면 어떻게 되었을까. 핵무기를 사용하기 전의 '망설임'은 훨씬 경감되었을 것이다.

'지구의 파괴'나 '인류의 사멸'이라는 악몽을 꾸는 것은 일종의 '자상自傷의 쾌락'을 가져다준다. 그리고 역설적인 일이지만 그 쾌락을 지속시키기 위해서는 일단 지구가 파괴되어서는 안 되고 인류는 사멸해서는 안 되는 것이다. 그것은 '불건강한 생활을 즐기기 위해서는 건강한 것이 필수'라는 '오구치 갓짱'의 논리와 통한다.

라캉도 이렇게 말했다.

> 인간의 욕망이 욕망하는 것은 욕망 그 자체이고, 완전히 채워지는 일이 없는 공허 상태에 있는 욕망 그 자체다.

다시 말해 '아아, 배고파, 가쓰돈 먹고 싶다'라고 생각했더니 가쓰돈이 눈앞에 나타났다, 하는 때에 인간은 욕망의 충족에 가장 접근해 있고 욕망을 채우려고 가쓰돈을 허겁지겁 먹어감에 따라 급속하게 가쓰돈에 대한 욕망은 상실된다. 그러므로 욕망의 절정과 욕망의 충족이 동시적으로 경험되는 것은 원초적으로 있을 수 없는 일이다. 그러므로 욕망이 강한 사람은 욕망의 충족이 아니라 충족의 연기(가쓰돈이 눈앞에 있고 이제 막 젓가락을 뻗으려고 하는 그 지복의 충족감) 그 자체를 욕망하게 된다. 그것과 똑같은 일이 핵무기와 그것이 초래하는 망상의 희열에 대해서도 타당하다고 나는 생각한다.

앞으로도 나는 몸에 나쁜 버릇을 내버리지 않을 것이고 인류는 지구를 파괴할지도 모르는 테크놀로지를 내려놓지 않을 것이다. 내게 건강한 것만을 하게 하려는 설득도, 최종 무기를 모두 없애려는 운동도 아마 성공하지 못할 것이다. 그것은 '나는 지금 갑자기 죽을지도 모른다'는 생각만이 우리에게 현재를 살고 있는 실감을 주기 때문이다. 그것은 매분 매초 조금씩 죽음을 향해 나아가고 있다는 '죽음의 필연성' 때문이 아니라 '언제 죽을지 모른다'는 '죽음의 우연성' 때문에 지금의 생명이 사랑스럽다고 느끼고, 그 순간에만 세계가 아름답게 보이는 인간의 '업'이기 때문이라고 나는 생각한다.

(1999/3)

'먼저 하세요'라는 윤리적 생활 방식

사람은 쉰 살이 되면 몸의 마디마디가 아파온다. 사십대 중반이 지날 무렵부터 여기저기가 아프기 시작한다. 처음에는 '곤란하군' 하고 생각하며 병고를 '치유'의 대상으로 간주하고 '병의 원인 특정 → 환부의 적출'이라는 외과적인 도식으로 병을 파악했다.

하지만 그다지 시원치는 않다.

생각해보면 당연하다. 중년이 지나고 나서의 병은 '다른 부분이 모두 건강하고 특정 기관만이 단독으로 기능이 저하되는' 것이 아니라 '신체의 시스템 전체'가 조화를 잃으면서 그 '가장 약한 고리'부터 끊어지기 시작하는 방식으로 증세가 나타나기 때문이다.

환부를 '적대시'하고 그것을 '도려내면' 원래의 건강, '원초의 청정清淨'이 회복된다고 몽상하는 것은 신체 시스템의 관점으로서는 적절하지 않다(사회 시스템의 관점으로서도 적절하지 않지만).

병은 '시스템 전체의 조화 상실'의 신호다.

"이제 슬슬 '수고했어요'의 시간이다"라는 '끝의 신호'다.

초등학교에 다닐 때 방과 후 놀고 있으면 드보르작의 〈신세계〉에 나오는 "먼 산에 해는 지고"라는 곡이 흘러나오고 "안녕, 안녕, 하교 시간이 되었습니다"라는 방송반의 방송이 시작되었다. 그 방송이 들리면 놀고 있는 아이들은 "그럼, 이게 마지막이야"라는 식으로 말하며 게임을 일단락 짓고 내팽개친 책가방의 먼지를 떨고 함께 돌아갈 상대와 느릿느릿 교문으로 향했다.

'아저씨의 병'은 '하교 시간이 되었습니다'라는 방송과 같은 기능을 갖고 있다. 이것이 들리면 슬슬 '뒤처리'를 시작하라는 뜻이다.

합기도의 스승인 다다多田 선생님에 따르면 "병과 대치하지 말고 병과 함께 산다"는 것이 병을 대하는 올바른 자세라고 한다. 〈음양사陰陽師〉에서 아베노 세이메이도 같은 말을 했다. '악령과 대치하지 말고 악령과 타협하며 공존하는' 것이 올바른 진혼의 방법이라고.

'병과 함께 사는' 것도, '악령과 타협하는' 것도 자세로서는 같은 것이다. 그것은 '자신을 해치는 것'과 인간은 제대로 사귀어나갈 수 있기 때문에 발버둥 칠 필요가 없다는 뜻이다.

물론 '자신을 해치는 것'과 영원히 공존할 수 있는 것은 아니다. 그렇게 함으로써 우리는 조금은 '사신死神'으로부터 시간을 몰래 훔칠 뿐이다. 하지만 '무한히 있다'고 믿고 있는 시간과 사신으로부터 몰래 훔친 시간은 '여별이 없다는 것'이 다르다. 시간의 밀도가 다르다. 시간의 두께가 다르다.

다다 선생님이 '병과 함께 사는' 것의 중요함을 되풀이해서 강조한 것은, 그렇게 하면 '다시 건강해지기' 때문이 아니다. 인간은 그렇게 살아가는 것이 운명에 주어진 시간을 풍부하게 또한 유쾌하게 보낼 수 있기 때문이다.

내게도 언젠가 무도 연습을 할 수 없게 되는 날이 올 것이다. 무도 인생의 '마지막 차임벨'이 울렸을 때의 대처 방법에 대해 우리는 뛰어난 롤 모델을 갖고 있다.

그렇다. '무네카타宗方 코치'*다.

그에게 선수 생명의 끝은 갑작스럽게 찾아온다. 그리고 그 후 테니스 선수로서의 절정기를 '자신의 선수 생명이 언젠가 끝난다'는 것을 한 번도 예상하지 않고 지내왔다는 사실을 깨닫고 깊이 부끄러워한다. 그리고 그는 애제자 '히로미'에게 자

* 무네카타 진宗方仁은 테니스 만화 〈에이스를 노려라!〉의 캐릭터.

신의 실수를 되풀이하지 말라고 타이르며 '이 공 하나는 유일무이한 공'이라는 말을 전한다.

〈에이스를 노려라!〉를 읽었을 때 나는 이십대 중반이었고 그때까지 자신도 언젠가 무도인으로서 자신의 인생이 끝난다는 생각을 한 적도 없었다. 그러나 〈에이스를 노려라!〉를 읽은 나는 언젠가 반드시 무도인으로서의 인생이 끝나기 때문에 하루하루의 연습을, 하나하나의 기술을 '유일무이하고 둘도 없는 경험'으로 삼아 살아가자고 결심했다.

그로부터 25년이 지났다. 지금 '끝'이 와도 나는 아무렇지 않다. 왜냐하면 '여한'이 없기 때문이다. 매일 '오늘이 마지막 날일지도 모른다'고 생각하며 연습을 해왔기 때문이다. 좋은 스승을 만나고 좋은 동료를 만나고 좋은 제자를 가진 나는 이제 와서 '못다 한' 일 같은 게 있을 리 없다.

레비나스는 윤리의 근원적 형태란 '먼저 하세요'라는 말에 집약된다고 썼다.

'그런 건 간단하지 않은가'라고 말하는 사람이 있을지도 모른다. 확실히 에스컬레이터 앞이나 문 앞에서 '먼저 타세요, 먼저 들어가세요'라고 하는 건 그다지 어렵지 않은 일이다. 하지만 '타이타닉 호의 마지막 보트의 마지막 자리'를 앞에 두고 '먼저 타세요'라고 말하는 것은 그렇게 간단하지 않다.

레비나스는 모든 장면에서 '먼저 하세요'라고 단언하는 것, 그것이 윤리적으로 살아가는 것의 구체적인 형태라고 말한다.

이는 어려운 일이다. 왜냐하면 '못다 한 일이 없는' 사람에게는 그만큼의 극기심이 필요하지 않다. 왜냐하면 이미 '못다 한 일이 없기' 때문이다. "뭐, 됐어, 나는. 인생을 충분히 즐겼으니까"라고 진심으로 생각하기 때문이다.

사람은 행복하게 살아야 한다고 말한다. 나도 그렇게 생각한다. 하지만 아마 '행복'의 정의가 좀 다를 것이다. 그때마다 항상 '죽기 직전에도 후회가 없는' 상태, 그것을 나는 '행복'이라고 부르고 싶다고 생각한다. 행복한 사람이란, 쾌락은 '언젠가 끝나는' 것이라는 사실을 알고 있고, 그렇기에 '끝'까지의 모든 순간을 주의 깊고 신중하게 살아가는 사람을 말한다. 나는 그렇게 생각한다. 그러므로 "끝입니다"라는 말을 들었을 때 "아, 그렇습니까, 예, 알았습니다"라는 식으로 마음 편히 대꾸할 수 있는 사람이 '행복한 사람'인 것이다. '끝'을 통고받아도 바동바동 "싫어, 싫어, 좀 더 살고, 좀 더 끝까지 쾌락을 누리고 싶어"라며 소란을 피우는 사람은 그 후 좀 더 살아도 결국 그다지 행복해질 수 없는 사람일 것이다.

행복한 사람은 자신이 행복할 뿐 아니라 타인을 행복하게 한다. 그러므로 나는 모두가 행복해졌으면 좋겠다고 생각한다(왠지 모르게 소설가 무샤노코지 사네아쓰武者小路實篤의 글처럼 되고 말았다).

(2001/5)

노인 국가를 향한 롤 모델

어제 교수회의에서 2011년까지의 감원 계획이 승인되었다.

교원은 17퍼센트 감원한다. 그와 동시에 입학생 수도 줄기 때문에 교육 서비스의 질은 오히려 향상된다(교원 한 사람 당 학생 수는 30명으로 변하지 않지만 학생 한 사람 당 공간이나 장서나 PC 대수가 증가하기 때문이다).

수요가 축소되면 거기에 맞춰 공급도 감소하는 것은 당연한 일이다. 이 캠퍼스는 원래 천 명 정도의 학생을 상정하고 만들어진 아담한 곳이다. 천 명까지는 아니더라도 1,500명 정도까지는 줄여도 좋은 게 아닐까 생각한다(지금은 2,600명이다).

작고 친밀한 느낌의 이 대학이 여자대학으로서는 좋지 않을까(『키다리 아저씨』의 주디가 다녔던 대학 같은 곳이 나는 좋다).

일본은 앞으로 '내리막 국면'인 시대로 들어갈 것이다.

경제가 급속하게 활기를 잃고 정치적 영향력이 소멸하고 문화적 발신력은 더욱 희박해질 것이다. 그러나 특별히 그것을 한탄할 필요는 없다. 지금까지도 세계를 제패한 제국은 항상 멸망해왔다. 근세 이후에도 포르투갈과 스페인은 세계를 양분했고, 네덜란드와 영국도 세계의 바다를 지배한 적이 있다. 지금은 그렇지 않지만, 그렇다고 해서 그런 나라의 사람이 지금 굉장히 불행한가 하면 그렇지도 않다.

인간과 마찬가지로 국가 또한 미숙할 때도 있고 튼튼할 때도 있고 노쇠해갈 때도 있다. 노인에게는 노인의 삶, 노인만의 생활을 즐기는 방법이 있다.

일본은 지금 '노인 국가'가 되려 하고 있다. 특별히 고령화 사회라든가 그런 의미는 아니다. 국가 자체가 '수고했어요' 상태에 달했다는 이야기다.

메이지 시대가 기업起業 시기이고 쇼와 초기에 세상 물정도 모른 채 제분수도 모르고 우쭐대며 사업을 확장하고, 중년에 도산하여 길거리를 헤매고, 새로이 결심하여 틈새 산업으로 재기를 이뤄내 어느새 큰 부자가 되었다. 그것을 무의미하게 탕진하고 무일푼인 만년, 이것이 근대 일본의 '인생'이다.

무일푼에게는 그 나름의 풍요로운 삶의 태도가 있다. 그에 관련해서는 일본 문화에 어엿한 롤 모델이 있는 게 아닐까. 조메이長明, 사이교西行, 바쇼芭蕉, 나루시마 류호쿠成島柳北, 나가이

카후永井荷風, 우치다 핫켄內田百閒, 후카자와 시치로深澤七郎, 다나카 코미마사田中小實昌, 아카세가와 겐페이赤瀨川原平, 오다지마 타카시小田嶋隆, 마치다 코町田康……

그들의 무일푼 미학에 이끌려 '작아도 따끈따끈한 나라'를 지향하며 조용히 멸망해가는 것도 좋은 일이라고 생각한다. 시대 전체는 지금 그 방향으로 나아가고 있다.

미야자와 키이치宮澤喜一가 얼마 전의 예산위원회에서 위기적인 재정 구조를 지적받고 "세수稅收가 늘어나면 모든 것이 제대로 돌아갈 겁니다"라고 답변했다. 이론적으로는 전적으로 옳다. 하지만 그것이 완전한 빈말이라는 것을, 질문한 의원도, 대답한 미야자와 장관도 숙지하고 있는 듯한 '흥이 깨진' 표정이었다. 세수는 이제 늘어나지 않을 것이다. 민간 수요는 확대되지 않을 것이다. 재정 위기는 점점 파탄을 향해 돌진할 것이다. 그것을 모두 알고 있어서 일단 "곤란해, 곤란해"라고 말하고 있지만, 그것은 한여름에 "덥다, 덥다"라고 말해도 전혀 시원해지지 않는 것과 마찬가지로 사실은 모두가 '곤란해'라고 말해도 어쩔 수 없다고 내심 생각하고 있는 것이다.

그러므로 내가 대신 말해두는 것이다.

'곤란해'라고 말하는 것을 그만두자.

그것을 '당연하다'고 생각하자. 여름이 더운 것과 마찬가지로.

일본은 확실히 멸망해간다. 멸망해간다고 해도 특별히 죽는 건 아니다.

활기 없는 나라, 늘 운동의 와중에 있는 동적인 에너지가 나오지 않는 나라가 된다는 이야기일 뿐이다. 세금으로 국채의 빚을 갚고 관리에게 급료를 지불하면 한 푼도 남지 않는다는 '완전 리사이클 예산 국가'가 된다는 이야기일 뿐이다. 그런 곳에서 따뜻하게 살아가는 것은 특별히 조금도 부끄러운 일도, 나쁜 일도 아니라고 생각한다.

우리의 지적 노력이 향해야 할 방향은 이 나라의 무너진 뼈대를 어떻게 지탱하느냐가 아니라 기울어진 지붕 밑에서 새는 빗물이나 외풍에 불평을 늘어놓으면서도 쾌적하게 살 수 있는 '생활의 지혜'를 함양하는 일이다.

내년쯤 신쇼志ん生*의 라쿠고落語**가 중고생들 사이에 '은밀한 붐'을 일으켜도 나는 조금도 이상하게 여기지 않을 것이다.

---

* 메이지 후기에서 쇼와 시대에 걸쳐 활약한 도쿄의 라쿠고가落語家(만담가).

** 한 명의 연기자가, 등장인물들이 주고받는 대화를 중심으로 익살스러운 이야기를 연기하여 청중을 즐겁게 하는 만담 같은 예능.

출가를 권함

얼마 전 신문에 천태종 본산本山의 관할하에 있는 절의 주지가 부족하여 일반에서 '어린 승려'를 공모한다는 기사가 실렸다.

승직은 대부분 세습이다. 요즘은 가업 잇는 걸 싫어하는 젊은이도 많다. 자연히 주지가 없는 절이 늘어서 스님들은 혼자 여러 절과 단가檀家*를 보살피게 되어 격무로 몸이 버텨나지 않는다. 그래서 널리 후계자를 찾아 종세宗勢의 유지에 애쓰기로 한 것이다.

* 절에 시주하는 사람의 집.

이는 아주 훌륭한 제안이라고 생각한다.

잘 아시는 대로 사이교西行, 요시다 겐코吉田兼好, 구마가이 나오자네熊谷直實 등 고래로 인생의 온갖 괴로움과 쓰라림을 다 맛본 중년의 남성이 문득 모든 것을 버리고 출가하는 패턴은 적지 않다. 세속의 악덕에 잔뜩 더러워진 후 머리를 깎고 여러 지방을 유랑하며 시가를 읊기도 하고 쓸데없는 글을 쓰기도 하고 죽인 미소년의 명복을 빌며 횡적橫笛을 불기도 하는 것은 남자가 끝까지 만년의 절조를 지키는 방식으로서 무척 신선하고도 깨끗한 것으로 보인다.

마흔 살을 넘긴 남자 중에서 가족도 일도 모두 버리고 방랑을 떠나고 싶다는 생각을 한 적이 없는 사람은 없을 것이다. 그것을 과감히 결단할 수 없는 것은 가족이나 회사에 대한 책임감 때문이 아니다. 나간 뒤 장기간에 걸쳐 방랑 생활을 '지탱하기에' 족할 만한 생활상·정신상의 기반을 확보할 전망이 서지 않기 때문이다.

과감히 결심하여 가출을 한다고 해도 먼저 가는 곳은 파친코점의 종업원 숙소이거나 건축 공사장의 노무자 합숙소거나 신주쿠 지하도의 골판지 상자 안, 즉 자신이 버렸다고 생각한 현실과 '잇닿아 있는' 곳일 뿐이다. '속세를 등지기'는커녕 오히려 '세상의 리얼한 실상'에 질리도록 직면하게 될 뿐인 것이다.

애초에 JR 오사카역 철교 밑이나 덴노지 동물원 육교 위의

'골판지 하우스' 등은 거의 '미니어처 단지'가 되어 있다. 한 사람 한 사람 개성을 기울인 '하우스'를 짓고 거기에 주워 모은 가재도구를 갖추고 '옆집'과의 '경계선'까지 까다롭게 획정하고 있다. '출가'라기보다는 '입가入家'다.

그런 점에서 불문佛門은 좋다.

다소의 제약은 있지만 의식주의 기본이 확보되어 있다. 승려가 입는 작업복을 입고 낙엽을 쓸고 죽을 먹고 근행에 힘쓰면 위궤양도 당뇨도 대부분 사라질 것이다.

게다가 직업 훈련을 무료로 수강할 수 있다.

경을 읽고, 진언을 외고, 구자九字 주문*을 외고, 호마護摩의 수법을 행하고, 장례식을 올리고, 계명을 짓고, '법력'이 갖춰지면 악령을 공양하고, 전세前世를 영시靈視하고, 중생을 제도하는 등 뭐든지 할 수 있다.

그 기본에 있는 것이 제행무상, 모든 것은 공空이라는 체념이기 때문에 저절로 계절의 변화, 화조풍월의 정취, 무릇 덧없는 세계의 아름다움은 절실히 몸에 스밀 것이다. 시가를 읊고 수필을 쓰고 거문고를 켜고 바둑을 두고 시를 짓고 술을 마시고 정취 있는 소양이 남보다 뛰어나 고바야시 히데오도 두 손 들고 도망가는 미적 생활자가 된다.

---

* 호신護身의 비법祕法으로 외는 臨兵鬪者皆陳列在前의 아홉 글자로 된 주문. 도가道家에서 시작하여 음양가·밀교의 승려 등에게 퍼졌다.

나는 '출가'라는 인생의 선택지가 충실해지기를, 불교의 각 종파 관계자에게 꼭 부탁하고 싶다. 출가해서 얼마 안 되는 사람을 절이 마음을 터놓고 받아들여주는 체제가 갖춰지면 일본 아저씨들의 상당수는 인생 다시 살기를 출가에서 찾을 것이다. 불문의 교세는 커지고 방대한 수의 '아저씨 스님'의 활동에 지탱되어 일본의 정신문화는 절도와 깊이를 한층 더할 것이다.

멋지다.

여러분, 스님이 됩시다.

(1999/4)

별성 부부의 '선진성'에 이의 있음

부부 별성別姓*을 실천하고 있는 부부가 있다. 호적상의 성은 같지만 문패에는 두 사람 각각의 성을 새기고 전화도 따로따로 소유하고 상대에게 걸려온 전화는 받지 않는다.

아이들에게 아버지와 어머니 각각의 성을 따로따로 붙이는 부부도 있다. 남자아이는 어머니의 성, 여자아이는 아버지의 성을 쓴다.

---

* 일본에서는 현재 민법 50조에 의해 부부 동성同姓이 인정되고 부부 별성은 국제결혼의 경우를 제외하면 인정되지 않는다. 따라서 별성인 채 혼인하는 것을 선택할 수 있는 선택적 부부 별성 제도의 도입과 관련한 시비가 논의되고 있다.

출생신고서의 서식이 마음에 들지 않다는 이유로 태어난 아이에게 호적을 주는 걸 거부하는 부모가 있다. 취학이나 예방접종에는 문제가 없지만 '여권을 만들 수 없는 것이 곤란하다'고 부모가 말한다.

이런 것을 하는 것이 요즘의 '유행'인 듯하다. 저널리즘은 머뭇머뭇 찬성의 뜻을 표명하고 자신들이 '개명적'이라는 것을 보여주려고 한다.

하지만 이런 '부부', 이런 '부모'의 사고방식은 어딘가에 논리의 착오가 있는 것으로 보인다.

정신의 자립을 침범당하고 싶지 않다, 자기 이름으로 일을 하고 싶다, 집 안에서 자신의 영역을 확보하고 싶다, 가사 분담을 부당하게 강요당하고 싶지 않다, 타인에게 걸려온 전화는 받고 싶지 않다, 이런 마음은 나도 이해할 수 있다. 이해할 수 없는 것은 그런 사람들이 왜 함께 살지 않으면 안 되는가 하는 것이다.

혼자 살면 좋지 않을까.

혼자 사는 것은 생활비가 다소 많이 들고 병이 들었을 때나 노후를 생각하면 불안하고 이야기 상대가 없어서 외로운 일도 있다. 하지만 누구에게도 종속되지 않고 사는 상태는 그런 '대가'를 지불해야만 손에 넣을 수 있다.

종속되고 싶지 않지만 고독하고 싶지는 않다는 것은 '배 터지게 밥을 먹고 싶지만 날씬하고 싶다'는 것과 마찬가지인 불가능한 바람이다.

'자유롭게 사는 것'과 '타인과 사는 것'은 양립하지 않는다. 자유롭게 살고 싶은 사람은 혼자 살아야 하고 타인과 사는 것을 선택한 자는 종종 자유를 단념해야만 한다. 그것이 세상의 상식이라는 것이다.

아이들에게 부모의 성을 따로따로 붙이는 부부의 행동도 나는 이해할 수 없다.

이 부모들은 자신들의 성에 대해서는 그것을 '지금까지 자신의 인생과 활동을 드러내는 귀중한 표시'로서 내놓는 것을 거부한 사람들이다. 그 동일한 사람들이 자기 아이의 성에 대해서는 '단순한 부호이기 때문에 어느 쪽이라도 좋지 않은가'라고 말하는 것이 잘 이해되지 않는다. 단순한 부호에 지나지 않은 성에 내용을 부여하는 것은 '앞으로 아이들의 생활 방식이기 때문에'라는 것이다. 그렇다면 왜 부모는 자신들이 결혼할 때는 '성 같은 건 단순한 부호니까 한쪽 성에 앞으로 부부의 삶에서 새로운 내용을 부여해나가자'는 식으로 생각하지 않았을까.

함께 살고 있는 남녀가 '우리는 단위unit가 아니다'라고 강력하게 주장한다면 부부 별성別姓은 논리적인 선택이다. 어른이 하는 일이고 그것의 책임은 자신이 질 것이다.

그러나 그것과 같은 이치에서 '아이와 부모는 단위가 아니다'라는 것도 올바르게 주장되어야 하지 않을까. 아내가 남편의 '소유물'이 아닌 것과 마찬가지로 아이 또한 부모 누군가의 '소유물'이 아니다. 아이에게 어떤 쪽이든, 또는 쌍방의 것이든 부모의 성을 대는 것은 논리상 이치에 맞지 않는 게 아닐까.

자신들의 사정에 맞춰 어떤 때는 '성은 중요하다', 또 어떤 때는 '성 같은 건 어느 것이든 상관없다'라고 한다. 어떤 때는 '타인의 성을 대는 것은 아이덴티티의 상실이다'라고 하고, 어떤 때는 '타인의 성을 대는 것이 아이덴티티의 시작이다'라고 한다. 이러한 설명 어디에 합리성이 있는지 나는 알 수가 없다.

출생신고서 서식이 마음에 들지 않는다며 자기 아이의 출생신고서를 내지 않고 호적이 없는 상태로 키우고 있는 부모의 사고도 나는 이해할 수가 없다.

어떤 사회에나 태어난 아이를 집단의 구성원으로서 인지하기 위한 의례가 존재한다. 성수로 세례를 하는 곳도 있고 한 부족의 장로가 명명하는 곳도 있다. 태어난 아이를 집단 전체가 확인하고 효과적으로 보호하고 육성하기 위해서는 그런 집합적인 의례가 없어서는 안 된다. 그 의례를 의식적으로 거부하는 것은 동시에 집단의 인지와 보호도 거부하게 되는 게 아닐까.

다행히 일본에서는 호적이 없는 아이라도 의무교육을 받을 수 있고, 기본적인 아동보호 조치도 받을 수 있게 되어 있는 모양이다. 하지만 그것은 호적이 없는 아이를 보호하기 위해서지 아이에게 호적을 거부한 부모의 의지를 존중하기 때문은 아니다.

현행 호적 제도가 가장 좋은 것이 아니라는 것은 나도 동의한다. 하지만 현행 제도가 제대로 갖춰지지 않은 문제를 호소하기 위해 자신의 아이에게 '호적이 없는' 핸디캡을 갖게 하여 그 괴로움을 '거래의 카드'로 사용하는 방식에는 동의할 수 없다. 자신의 이데올로기를 실현하기 위해 타인(아이는 '타인'이다)을 제물로 바치는 것을 망설이지 않는 인간을 '새로운 가족상'의 본보기로 삼는 것에 나는 동의할 수 없다.

여기서 거론한 '부부들, 부모들' 전원에게 공통되는 것은 가족에 대한 그들의 '선진적 견해'가 모두 가족 중의 다른 구성원을 제물로 삼음으로써 비로소 성립한다는 사실이다.

같은 집 안에서 살며 성이 다른 형제자매나 호적을 갖지 않는 아이는 자신이 선택한 것이 아닌 조건 때문에 사회생활을 영위하며 수많은 어려움을 당할 것이다. 가족 중에서 자기 결정권을 갖지 않은 '가장 약한' 구성원이 입는 고통이라는 '대가'를 지불하고서야 비로소 가족의 다른 '강한' 구성원이 어딘가에서 '면목을 세운다'는 것이다.

물론 그런 것을 가족에게 강요하는 사람들은 '성이 다른 형제자매가 특별 취급되는 사회가 잘못되었다'거나 '호적이 없는 아이가 불편을 느끼는 제도가 잘못되었다'고 하며 반론할 것이다. 그 지적에 일정한 근거가 있다는 것을 나는 인정할 수 있다. 하지만 거기에 '특별 취급되고' '불편을 느끼는' 가족 구성원에 대한 경의와 애정을 인정할 수는 없다.

오늘날 가족에 대한 '선진적인' 입장이라 칭하는 것의 과반수는 '가장'의 대외적인 체면 때문에 '약한 가족'이 희생이 된다는 점에서 전통적 가족주의와 흡사하다. 그 때문에 나는 이런 입장에는 조금도 그 '선진성'을 인정할 수 없다.

(1994/4)

평상심인 사람을 믿지 마라

흔히 '평상심을 유지하라'고들 한다. 하지만 이런 교훈에는 때로 어처구니없는 함정이 있다.

한신阪神 대지진이 일어난 날 아침, 파괴된 건물 잔해 속에서 양복을 입고 가방을 든 채 종종걸음으로 '출근'하는 아저씨가 있었다. 그가 향하는 아시야역은 이미 다 쓰러졌고 어떤 교통수단도 기능하지 않은 때였는데도 그는 '평상심'을 잃지 않았던 것이다.

나는 그런 '평상심'에는 감탄하지 않는다. 그의 집 주변에는 무너진 가옥 안에서 구조를 요청하고 있던 이웃도 있었을 것이고 안전 확보도 마음대로 되지 않는 유아나 노인도 있었을 텐데 이 '평상심 아저씨'에게는 그런 사태에 대한 대처가 긴급하다는 사실이 생각나지 않았던 것이다.

지난번 야마이치 증권의 폐업에 앞서 하룻밤만 새면 휴지나 다름없어질 자사 주식을 '저가로 매수해서 돈 좀 벌어보자'고 한 사원들이 있었다. 그들은 자신들의 회사가 무너질 리 없다는 신뢰에 기초하여 그런 행동을 한 것이다. 그러나 '내일은 어제의 연속'이라는 그들의 신뢰에는 유감스럽게도 충분한 근거가 없었다. 내가 보기에 그들 역시 '평상심을 가진 사람'들이다.

생각지도 못한 재해나 파국적인 사태를 만났을 때 '평상심'을 유지하는 사람은 상황에 맞지 않은 엉뚱한 행동을 해서 결과적으로 자신에게 상처를 입히고 주위에도 폐를 끼친다.

패닉 영화에서 '약속된 것' 중 하나로 '지금이 위기적 상황이다'라는 것을 알아채고 법규를 넘어선 조치를 취하는 사람(보통은 이 사람이 주인공)과 규칙이나 전례를 방패삼아 '루틴 routine' 안에서 처리하려고 하다가 사태를 더욱 악화시키는 사람의 대립이라는 구도가 있다(〈조스〉의 경찰서장과 시장, 〈포세이돈 어드벤처〉의 목사와 사무장의 대립 등이 그 전형이다. 시장 탓에 해수욕객은 상어에게 먹히고 사무장 탓에 승객 대부분은 익사하고 만다).

이러한 영화는 유익한 교훈을 담고 있다. 그것은 '파국적인 상황일 때 평상심을 가진 사람은 따라가지 마라'는 것이다.

인류의 역사를 돌아볼 때 왕조나 제국의 흥망을 보면 어떤

'루틴'도 반드시 파탄 나는 날이 온다는 것은 명백한 일이다. 집이 무너지고 회사가 무너지고 나라가 무너지고 화폐가 휴지가 되고 휘황찬란한 궁전이 잿더미가 되고 제행무상의 종소리만이 변함없이 울리는 것이다. 그러나 세상에는 그런 파국이 '오늘, 내게도 일어날지 모른다'는 것을 도저히 상상할 수 없는 사람이 있다. 그가 바로 '평상심을 가진 사람'이다.

영국에 데이비드 흄이라는 심술궂은 철학자가 있었다. 그는 "오늘까지 매일 아침 해가 동쪽에서 떴다는 사실은 '내일도 해가 동쪽에서 뜬다'는 충분한 근거가 되지 못한다"라고 말한 것으로 알려져 있다.

듣고 보니 말 그대로다. 혜성이 충돌해서 지구가 산산조각이 날 가능성은 늘 있고, 앞으로 수십억 년 후 태양이 왜성矮星이 되어 그 최후의 빛을 발하고 꺼져버린 '다음 날'에는 틀림없이 태양은 동쪽에서 뜨지 않는다. 그러므로 흄의 말은 옳다. 이는 이를테면 '올바른 극단적 논리'다.

세계의 종말을 의심하며 아침을 맞이하는 사람도, '해가 동쪽에서 뜬다'는 사실에 일말의 의심도 품지 않고 아침을 맞이하는 사람도 모두 태양의 운행에 관여할 수 없다는 사실에는 변함이 없다. 하지만 실제로 대참사를 당했을 때 이 양자의 상황 판단 '속도'에는 미묘한 차이가 발생한다. 그리고 그 상황 판단의 작은 차이가 목숨의 갈림길이라는 것도 있을 수 있다고 나는 생각한다.

일본의 현 상황은 상당히 '파국적'이다. 파국적인 상황에서 살아남기 위해서도 여러분은 이따금 패닉 영화의 교훈과 흄의 협박적인 식견을 떠올려주었으면 한다. "평상심을 가진 사람을 믿지 마라."

(1999/4)

전향에 대하여

시게노부 후사코*가 체포되었다.

니시나리의 원룸에 숨어 지내다가 다카츠키의 호텔에서 붙잡혔다.

나는 일본적군이라는 정치당파에 한 번도 공감한 적이 없지만 이 체포에는 약간 마음이 아팠다. 몇 개월쯤 전 도카이도선의 한 역에서 과격파인 중년 남자가 칼에 찔려 죽었다는 기사를 읽었을 때도 왠지 모르게 마음이 우울했다.

---

* 重信房子(1945~). 일본의 신좌익 활동가, 혁명가. 전 적군파 중앙위원. 일본 적군의 전 최고 간부였다. 헤이그 사건의 공모 공동정범으로서 징역 20년의 판결을 받고 현재 복역 중이다.

대체 이 사람들은 지금 무슨 생각을 하며 '정치'를 하고 있을까.

1970년대 초 무렵의 좌익 운동에서 '손을 씻었을' 때(씻을 만큼 담그고 있었던 것은 아니지만 그래도) 한번은 어느 정치당파의 운동에 가담한 이상 (그리고 그 강령이나 당파의 이름으로 몇 명의 사람들을 매도하거나 상처를 준 이상), 그 방향전환을 설명할 책임이 자신에게 있다고 생각했다.

나는 어떤 논리로 자신의 '전향'을 설명해야 할까.

'정치에서 철수하는' 것에 대해 어떻게 생각해봐도 '정치적으로 올바른' 주장은 있을 것 같지 않았다.

실제로 그 무렵 내 주위에는 운동에서 철수하는 사람들이 많이 있었지만 책임accountability에 대해 모범이 될 만한 사람은 한 사람도 없었다.

그들 대부분은 '하룻밤 사이에' 전향했다.

전날 오후까지 선동 연설을 했다가 다음 날 아침에는 이미 모습을 감추었다(그리고 세상의 관심이 식었을 무렵 머리를 깎고 안경을 끼고 말끔한 복장으로 대학으로 돌아왔다).

그들은 변명다운 말을 하나도 하지 않았다. 그저 이전의 지인을 보면 도망칠 뿐이었다. 나는 특별히 원한이나 증오가 있는 것이 아니다. 그저 물어보고 싶었을 뿐이다.

"대체 어떻게 된 거야?"

그들은 지르퉁하게 대답했다.

"어떻게 생각해도 좋아. 난 도쿄대 출신이라는 간판을 버릴 수가 없어."

아니나 다를까.

그 후 그들은 일류 기업이나 중앙 부처에 들어갔다.

술집에서 젊은이들을 붙잡고 "나는 말이야, 몸을 내던져 싸웠지" 같은 꼴사나운 설교를 해서 미움을 사게 된 것은 이 사람들일 것이다.

이처럼 격렬하지 않고 왠지 모르게 '칠칠치 못한 모습'으로 무너져가는 유형도 있었다. 지저분하고 좁은 다다미방에서 울적하게 싸구려 술과 마작과 재즈와 섹스에 흐물흐물 가라앉은 '서브컬처 계열'의 사람들은 애초부터 그다지 정치적인 사람들이 아니었다. 그들은 운동이 반질서적이고 축제적인 한은 희희낙락하며 함께했지만 루틴화하자 깨끗이 단념하고 그들의 '취미 세계'로 은거했다.

구체적으로 말하자면 나는 이 사람들과 친한 사이였다.

베평련('베트남에 평화를! 시민연대') 같은 시민운동 출신의 리버럴파 학생들도 상당히 터프했다.

그들은 데모에 참여하면서 수업도 들었고, 바리케이드 봉쇄를 하는 틈틈이 축구 같은 것도 했다. 이렇다 할 갈등도 없이 그대로 졸업한 그들은 유기농업을 하거나 시민운동을 하거나 시골에서 펜션을 운영하거나 재즈콘서트 프로듀서를 하거나 지방의 '어딘가 좀 색다른 교양인' 같은 쾌적한 위치를 지금도 아마 유지하고 있을 것이다. 나는 이 사람들이 거북했고 지금도 거북하다.

그리고 학생들의 정치운동이 현실적으로 거의 무의미해졌다는 것을 알아도, '혁명'이 환상이라는 것을 알아도 여전히 당파나 조직에 매달려 있는 '고지식한 사람들'이 있었다. 내가 '변명'을 준비하지 않으면 안 되었던 것은 아마 이 사람들에 대해서일 것이다.

이 사람들은 상당히 심한 일도 했지만 그 '청구서'도 정확히 계산했다. 그들은 약속되어 있었던 쾌적한 사회적 위치나 프티 부르주아적 쾌락을 버리고 아무도 감사하지 않고 누구도 존경하지 않는 '혁명 투쟁'에 그 청춘을 바치고 그들이 찾았던 이상을 무엇 하나 실현시키지 못한 채 몇 명인가는 무참한 죽음을 맞이하고 몇 명인가는 백발의 노인이 되었다.

나는 그들에게 공감하지 않지만 그들이 20대의 한 시기에 다소 성급하게 선택한 한 가지 삶의 '청구서'를 평생에 걸쳐 계속 지불해온 것에는 어느 정도의 경의를 표한다. 아무튼 그들은 '자신의 부채는 제 돈으로 갚는다'는 태도를 관철하고 있기 때문이다.

이 사람들과 내 분기점은 어디에 있었을까.

'물리적 폭력을 싫어하는' 내 기질은 아마 그 분기점 중의 하나일 것이다. 내가 '물리적 폭력을 싫어하는' 인간이라고 하면 깜짝 놀라는 사람이 있을지도 모른다. 10대 후반부터 거의 쉬지 않고 무도(그것은 얼마나 효과적으로 사람을 살상하는가, 하는 기술의 체계다)를 연습해온 인간이 '폭력을 싫어한다'고? 하지만 정말 싫어한다.

정확히 말하면 '폭력이 무서운' 것이다.

나는 신체적인 폭력에 대해 이상하게 약하다. 고문을 당하면 고문하는 사람의 신발을 핥고 동료를 술술 불어버리는 유형의 인간이다. 아픈 것이 정말 싫기 때문이다.

그리고 약간의 물리적 폭력에 굴복하여 자신이 최악의 인간이라는 것을 뼈저리게 느끼게 되는 것은 아픈 것보다 더욱 기분이 나쁠 것 같다.

그러므로 '남에게 따끔한 맛을 보게 되는' 것은 나에게 이중으로 기분 나쁜 것이다. 그런 기회를 최소화하는 것이 소년기부터 내 삶의 대원칙이었다.

무도를 연습한 것은 가능한 한 '따끔한 맛'을 보게 되지 않기 때문이다. 강해지면 상대를 따끔하게 혼을 내줄 수 있기 때문이 아니다. 상대가 엄청 많거나 "아니, 비겁하게 총이라니!" 하는 상황에서는 나 정도의 무도 실력은 거의 도움이 되지 않는다. 그게 아니라 무도를 연습하고 있으면 '위험한' 상황이라는 것에 대한 예지 능력이 높아지기 때문이다.

"어쩐지 이 모퉁이를 돌면 위험한 일이 벌어질 것 같다"는 감각은 상당히 예리해진다. 덕분에 그 이후 30년간 한 번도 위험한 일을 당한 적이 없다.

평범한 아저씨를 봐도 '으음, 얼핏 평범한 아저씨로 보여도 실은 권법의 달인이거나……' 하고 묘하게 이리저리 추측하고 슬슬 피해가기 때문이다.

아무튼 폭력을 행사하는 것도, 당하는 것도 나는 아주 싫다.

그런데 과격파의 정치는 폭력을 정치 과제 실현의 수단으로서 논리적으로 긍정한다. 내가 휘두르는 폭력의 피해자가 (나와 마찬가지로) 폭력에 굴하면서 자기혐오에 빠져 있는 흉중을 헤아리면 내게는 폭력을 행사할 권리가 자신에게 있는 것으로 여겨지지 않았다.

그것이 첫 번째 분기점이다.

또 하나의 이유는 '정치적인 것'이라는 것이 '이른바 정치 과정'에만 한정된 것으로는 생각되지 않았던 것이다.

일종의 폭발적인 정치운동을 구동하는 것은 강령의 정합성도, 정치 과제의 올바른 정립도 아니다. 갑자기 시대에 홀린 일종의 '기분'이다. 그 '기분'의 메커니즘을 이해한 사람은 정치적으로 영향력을 행사할 수 있다. '기분'의 메커니즘을 알 수 없는 사람은 아무것도 할 수 없다. 그리고 '기분의 메커니즘'을 이해하고 싶다는 우리의 지적 욕구에 과격파의 정치학은 전혀 부응해주지 않았다.

스무 살 무렵의 나는 막연히 그것을 '광기의 구조'라든가 '이야기에의 몰입'이라는 말로 생각했었다. 브르통이나 바타유는 약간 그 힌트를 주었다. 그러나 그것은 굉장히 견고한 어떤 정신적 풍토의 산물이고 온대 몬순의 질척한 정신적 풍토에 이식할 수 있을 것 같지는 않았다.

일상의 극히 사소한 경험 속에 스며들어 있는 '정치성'에 대해 이해하는 것이 현실의 정치 과정에 대한 구체적인 행동의 '올바름'을 논증하는 것보다 우선순위가 높은 과제인 것으로 생각되었다.

왜냐하면 실제 정치적 장면에서 나는 '누군가의 뒤꽁무니'를 따라가는 것밖에 할 수 없고 '누군가의 뒤꽁무니'를 따라가 얼마간의 정치적 성과를 얻었다고 해도 그것은 결국 '내 것'이 아니기 때문이다.

나는 '나의 정치'라는 것, 즉 나 이외의 누구도 구상할 수 없고 내가 없으면 결코 실현할 수 없는, 내가 완전한 열광을 가지고 그것을 위해 죽을 수도 있는 정치 행동이 있을 수 있는지를 알고 싶었던 것이다.

요컨대 나는 폭력을 아주 싫어하고 지적 조작을 아주 좋아하는 스무 살의 어린애였던 것이다.

하지만 아무튼 나는 그런 위태로운 이론을 들며 학생들의 정치에서 철수를 선언했다. 나는 '야반도주'도 하지 않았고 '좁은 다다미방'에 숨어들지도 않았으며 '차근차근'이라는 의태어로 말해진 '작은 정치'에도 관여하지 않았다. 나는 자신이 속했던 당파의 소굴로 가서 이런저런 이유로 나는 너희들과 인연을 끊겠다고 선언했다.

활동가들은 다소 놀라며 나를 쳐다봤다. 그들은 특별히 화도 내지 않고 비난도 하지 않으며 '아, 그래' 하는 식으로 멍하니 나를 쳐다봤을 뿐이다. 원래 나의 정치력에 별로 기대하지 않았기 때문에 잃기에 아쉬운 인재도 아니었을 것이다. 나는 "그럼 그렇게 된 것으로 알고" 하며 총총 나왔는데 다행히 따라 나와 만류하는 사람도 없었다.

그 이후에도 나는 활동가인 옛 동지들과 상당히 사이좋게 지냈다. 학내에서 만나면 잡담을 나눴고 함께 차를 마셨다. 가장 사이가 좋았던 가네츠키 히로시金築寬는 얼마 후 가나가와대학에서 적대 당파의 린치로 죽었다. 분파fraction 활동의 '윗사람'이었던 미네야蜂矢는 얼마 후 살인모의로 지명수배를 당했다. 대학을 지휘하고 있던 정치위원들은 지하로 숨었다.

그렇게 모두가 없어지고 나는 오도카니 남았다.

지유가오카역에서 데이트 상대를 기다리고 있을 때 파출소에 그의 사진이 붙어 있었다. "아, 미네야 씨다" 하고 작은 목소리로 중얼거렸더니 제복을 입은 경찰이 다가와 "아는 사람인가? 이봐, 아는 놈이야?" 하고 물었다. 나는 찜찜한 생각이 들어 빠른 걸음으로 그 자리를 떠났다.

1973년 겨울, 가네츠키 히로시는 넓적다리에 대못이 박혀 쇼크사했고 미네야 씨는 도피 생활을 하고 있었다. 나는 모피코트를 입은 아오야마 대학의 예쁜 여자애와 데이트를 하고 있었다.

어디에 분기점이 있었는지 그때의 나는 알 수 없었다. 지금도 잘 모르겠다. 살아남은 사람은 올바른 판단을 했기 때문에 살아남은 것이 아니다.

하지만 살아남아 다행이었다고 나는 생각한다. 조금은 세상의 구조에 대해 알았던 것도 있다. 조금은 세상의 도움이 된 일도 (아마) 있을 것이다.

시게노부 후사코는 어떻게 생각하고 있을까. 그녀 역시 자신은 세상의 구조에 대한 이해를 깊이 했고 세계를 조금이라도 좋은 방향으로 보냈다고 믿고 있을까.

아마 그럴 것이다. 그렇게 생각하지 않는다면 30년이나 해올 수 없었을 것이다.

그렇다면 나와 시게노부 후사코 중 누가 더 '망상적'이고 누가 더 '현실적'이었을까. 애초에 누구에게 그것을 판단할 권리가 있을까?

(2001/11)

제 3 장

'아저씨'의 올바른 사상적 태도

'보통이 아닌' 나라 일본의 윤리적 선택

테러 사건과 아프가니스탄 문제로 미디어에서 다양한 사람들이 발언하고 있다. 어떤 글을 읽어봐도 뭔가 부족하고 딱 와 닿지 않는다.

오늘자 아사히신문에서 만화가 히로카네 켄시가 군대의 보유를 인정할 수 있도록 헌법을 개정해야 한다고 주장했다. 그 주장 자체는 새로운 느낌이 전혀 없지만 좀 걸리는 구석이 있었다.

마지막 단락에서 히로카네는 이렇게 말했다.

"미국에 협력하면 일본도 테러 집단의 공격 대상이 된다. 그러므로 협력은 그만두자는 생각이 있다. 그런 생각만은 피해야 한다. 자기 나라만 살면 된다는 발상은 비겁하다."

이 논리에 '으음, 그렇군' 하며 고개를 끄덕일 사람이 있을지도 모르지만 잠깐 기다려주기 바란다.

"미국에 협력하면 일본도 테러 집단의 공격 대상이 된다. 그러므로 협력은 그만두자"라는 발상은 있을 수 있다. 일단 국제 관계라는 맥락에서는 물의를 일으킬 수 있는 발상이지만, 긴 안목에서 인간 사회를 보면 오히려 '옳은' 선택이라고 나는 생각한다.

왜일까.

잠깐 생물학 이야기를 하고 가자.

생물학에는 왜 이렇게나 많은 '종鍾'이 있을까, 하는 생명의 본질에 대해 생각한 생물학자는 이를 '생태적 지위ecological niche'라는 개념으로 설명하려고 했다.

예컨대 아프리카의 사바나에는 말과 얼룩말이 있다. 말과 얼룩말은 생태계의 지위가 미묘하게 다르다. 행동 패턴도 약간 다르고 먹이의 기호도 약간 다르다.

여기에 말만 즐겨 먹는 풀에 전염병에 걸리는 물질이 있다고 하자. 그 탓에 어떤 지역의 말이 전멸해버렸다.

한편 얼룩말은 그 풀을 먹지 않았다. '먹어도 되지만 그다지 좋아하지 않는 것'이어서 병에 걸리는 것을 피할 수 있었다.

그런데 사자 같은 육식동물의 입장에서 보면 '오늘 저녁은 말인가 얼룩말인가'의 차이는 '오늘 저녁은 라면인가 챠슈멘*인가' 정도의 차이밖에 없다. 그러므로 말이 설사로 전멸해도 얼룩말이 있다면 먹이는 부족하지 않고, 일단 생태계는 균형을 유지할 수 있는 것이다.

생물학자는 종의 다양성의 근거를, '생명 시스템에서는 비슷한 기능을 하는 요소의 성질이나 행동에는 어느 정도의 불균형이 있는 편이 시스템 다운의 리스크를 회피할 가능성이 더 높다'는 사실에서 보고 있다.

같은 이야기를 국제사회에 적용해보자.

전 세계적인 규모의 글로벌라이제이션의 압력에도 불구하고 지구상에는 왜 이렇게 많은 국민국가나 종족이나 종족 공동체가 넘쳐나며 각각의 차이를 주장하고 있을까?

그것은 '생태적 지위의 다양성'이 인류의 존속에 필수적이라는 것을 사람들이 어딘가 신체 깊숙한 곳에서 직관하고 있기 때문이다.

사람들이 세계 공통어를 말하고, 세계 공통의 보편 종교에 귀의하고, 세계 공통법을 준수하게 되면 지구는 평화롭고 안정된 상태가 될까?

물론 되지 않는다. 오히려 세계 시스템의 안정성과 영속성은 위험한 상태에 빠지게 된다.

시스템 전체가 균질화하고 구성 요소가 모두 비슷해지는 것

---

* 구운 돼지고기와 버섯을 넣은 중국 국수로 일본 라면과 비슷하다.

은, 얼룩말을 향해 "너만 줄무늬인 것은 부자연스러우니까 모두와 같이 무늬 없는 갈색이 되어라"고 말하는 것과 같은 일이다.

그렇게 되면 말만 사자의 먹이가 되고, 말만 걸리는 전염병 바이러스로 사바나의 생태계는 치명적으로 파괴될 우려가 있다.

'말'의 동료에게 그 바이러스가 마구 발호하는 곳에 '왠지 모르게 좋아하지 않는다니까' 하며 다가가지 않는 '얼룩말'이 있음으로써 시스템의 위험이 분산되는 것이다.

생태계에서는 그렇게 '뿔뿔이 흩어지는' 것이 시스템 전체의 안정에 필요하다.

뛰어난 국제 감각을 가진 정치가나 외교관은 직관적으로 그것을 알고 있다.

그러므로 어떤 외교적인 위험에 대해서는 (예컨대 예상할 수 없는 행동을 보여주는 '불량' 국가에 대해서는) 여러 국가가 동맹국에서부터 가상 적국까지 미묘한 그레데이션을 이루며 쭉 늘어서는 것이 리스크 분산에 효과적이라고 생각하는 것이다.

그것은 시스템이 살아남기 위한 지혜다.

기억하고 있겠지만 중동 평화에는 다양한 조정자가 출현했다. 하지만 기억에 남는 공적 하나는 북유럽의 한 외교관이 떠맡았다. 그것을 그 외교관 개인의 능력에만 돌려서는 안 될 것이다. 그때 북유럽의 그 한 나라가 국제 관계론적인 '생태적 지위' 안에서 '우연히' 조정자로서 가장 적절한 위치, 즉 이스라엘과 팔레스타인 사이의 '어디쯤'에 있었던 것이 조정의 유효성에 많은 보탬이 되었던 것이다.

그런데 이야기를 되돌리면 '자기 나라만 살면 된다'는 것은 행동의 수준에서는, 요컨대 '자기 나라는 다른 나라와 다른 행동을 취한다'는 것이다.

'고질라가 고베에 상륙'했다고 가정해보자.

모두가 국도 2호선을 달려 오사카 방면으로 도망칠 때 '자신만 살겠다'고 생각한 녀석이 '이럴 때는 등잔 밑이 어둡다고, 고질라 발밑이 안전할 거야' 하며 스마 해안의 고질라를 향해 돌진했다고 하자.

꼭 이런 사람이 있다.

그런 사람이 있어도 좋다. 오히려 필요한 거라고 나는 생각한다(보통은 이런 작자가 제일 먼저 짓밟히지만, 고질라도 마음이 바뀌는 일이 있다).

"자기 나라만 살면 된다는 발상은 비겁하다"는 히로카네의 발언은, 요컨대 모두가 고질라를 피해 오사카로 도망칠 때 함께 오사카 방면으로 도망치지 않은 녀석은 비겁하다고 말하는 것과 같다. 고질라가 "오오, 이건 다발로 되어 있어 짓밟아 부수기 쉽겠군" 하며 국도 2호선*으로 쿵쾅쿵쾅 돌진한 경우 '어쩔 수 없지. 함께 짓밟히는 것이 명예로운 죽음이니까 미련 없이 깨끗이 죽자'라고 히로카네는 말한 것이다.

이는 꽤 남자다운 생각이다.

이를 국제 관계론적 맥락에서 바꿔 말하자면, 히로카네는 '일본은 미국과 함께 살고, 함께 죽어'야 하며 그것이 국민국가로서 "명예롭다"고 말하는 것이다.

미국과 함께 살고, 함께 죽기 위한 가장 논리적인 대응은 '일본은 미국의 51번째 주가 되자'라고 제언하는 일일 것이다.

그것은 그것대로 하나의 견해고, 논리적인 사고라고 나는 생각한다.

미합중국의 51번째 주가 되어 2명의 상원의원과 10명 정도의 하원의원을 내는 것이 이따금 외상이나 총리가 방미하여 적당히 대접받고 쫓겨나는 것보다 '일본주州'가 국제정치에 참여하는 비율은 더 높아질지도 모른다.

영어를 공용어로 삼고 싶어 하는 학교나 기업도 있고, 남쪽에는 '아메리카무라アメリカ村'**이라는 곳도 있어 젊은 사람들은 '나를 조니라고 불러줘'라고 말하고, 대학의 영문과 교수 중에서도 지지자가 있을지 모른다.

하지만 나는 그렇게 생각하지 않는다.

---

* 오사카에서 후쿠오카현 기타큐슈에 이르는 일반 국도.

** 1970~1990년대 청바지, 티셔츠, 헌옷 서프보드 등 일본에서 입수하기 어려운 아이템을 미국에서 수입하여 판매하는 가게가 많은 곳으로 오사카만이 아니라 여러 도시에 있다. 전국에서 젊은이가 모이는 '유행의 발신지'였지만 2010년 이후에는 그 인기도 점차 사그라들었다.

나는 '자기 나라만 살면 된다'는 것이 (동물의 세계와 마찬가지로) 국제사회에서 국민국가의 기본적인 '올바른' 매너라고 생각하고 있기 때문이다.

그것은 조금도 이기주의적인 발상이 아니다.

오히려 윤리적으로는 금욕적인 선택이라고 나는 생각한다.

왜냐하면 '자기 나라만 살기' 위해서는 다른 나라와의 차별화를 꾀하지 않으면 안 되기 때문이다(경우에 따라서는 울며 스마 해안의 고질라 발밑으로 돌진해야만 한다).

그리고 그렇게 '타국으로는 대신할 수 없는 나라'가 되는 것을 통해 그 나라는 국제사회 고유의 생태적 지위를 확보하고, 시스템이 다운될 위험을 회피하는 하나의 옵션을 제공할 수 있는 것이다.

시스템을 지탱하기 위해 개체는 '다른 개체로는 대신할 수 없는' 두드러진 특성을 가질 필요가 있다. 그것은 '나 혼자만 살면 된다'는 이기주의가 아니라 실은 '시스템의 연명을 위해, 개성적인 것을 관철'하는 '멸사봉공'의 정신으로 일관한 윤리적 선택인 것이다.

일본은 이상한 헌법을 갖고 있고 이상한 군대를 갖고 있다. 그 둘은 이상하고 '뒤틀린' 관계를 맺고 있다. 그리고 그 이상한 시스템이 반세기에 걸쳐 일본의 정치적 안정을 떠받쳐 왔다.

그것은 조금도 부끄러운 일이 아니고, 조금도 곤란한 일이 아니라고 나는 생각한다.

'보통이 아니다'란 것이 국제사회에서 일본의 최대 '강점'인 것이다.

히로카네는 왜 '보통'이 되고 싶어 할까?

왜 '다른 나라와 같은 나라'가 되고 싶어 할까?

'다른 나라와 같은 나라'가 되려는 그 제언이 '반세기의 평화와 번영'과 교환해도 좋을 만한 이점을 가져올 거라고 예측한 상태에서 이루어진 것일까?

나는 잘 모르겠다.

아마 히로카네는 '균질적'이라는 것을 좋아할 것이다.

균질적인 집단을 좋아하는 것은 히로카네의 개인적 호오이므로 그렇게 생각하는 것은 그의 권리다.

다만 균질적인 집단을 싫어하는 나의 개인적 호오도 꼭 배려해주었으면 한다.

(2001. 10)

국제사회에서 위신보다 중요한 것

발리섬에서 돌아왔다.

발리섬에서는 신문도 읽지 않고 텔레비전도 보지 않았다. 오로지 '수생곤충'화하여 뇌수가 흐물흐물해지는 일만 했기 때문에 일본에 돌아와 그동안 쌓인 신문을 훌훌 넘기며 통독하고는 왠지 모르게 마음이 무거워졌다.

아무래도 일본은 9.11 테러를 기화로 자위대의 해외 파병에 박차를 가하는 모양이다.

뉴욕의 테러 소식을 듣고 '잘됐다'며 좋아서 날뛴 호전론자 belliciste도 어딘가에 분명히 있었을 것이다.

나는 물론 해외 파병에는 반대한다.

'그런 것을 하지 않는 비상식적인 나라'라는 것이 국제사회에서 일본의 '기묘한 위치'다. 그 기묘한 위치를 일본은 전후 56년에 걸쳐 드디어 획득한 것이다.

"뭐, 일본은 원래 그런 나라니까. 그들은 제쳐두고 우리끼리 결정하자고" 하며 구미 열강, 러시아, 중국이 머리 위에서 담합하는 거라면 다소 화가 날지도 모르겠지만, 그건 그것대로 "뭐, 마음대로 하세요"라고 해도 좋지 않을까.

G8 안에서 '모양 빠지는' 일 같은 건 아무래도 좋지 않을까.

나라의 '모양 빠지는' 일보다 어떤 나라의 '원한을 사지 않는' 일이 훨씬 중요하다고 나는 생각한다.

대의명분을 내세우며 전쟁을 하는 것보다 대의명분 없는 평화에 매달리는 것이 훨씬 어렵다.

이에 대해 좀 오래된 이야기를 하고자 한다.

1951년 구로사와 아키라는 〈라쇼몬〉으로 베네치아 영화제에서 그랑프리를 받았다. 1953년 기누가사 테이노스케衣笠貞之助는 〈지옥문地獄門〉으로 칸 영화제에서 그랑프리를 받았다. 1958년 이마이 타다시今井正는 〈순애보純愛物語〉로 베를린 영화제에서 감독상을 받았다.

전후 일본 영화의 부흥이 이 3대 영화제 제패로 상징적으로 드러났다는 것은 군말이 필요 없을 것이다.

그리고 패전국인 일본 영화에 대한 재평가 움직임은 유럽의 그 3대 영화제를 기폭제로 시작된 것이다. 그런데, '베네치아, 칸, 베를린'이라는 이 세 도시의 이름을 보면 여러분은 뭔가 연상되지 않은가.

알아차렸을 것이다.

그렇다. 이 세 도시는 '제2차 세계대전 때 일본과 동맹을 맺은 나라의 도시'다.

"베를린과 베네치아는 그렇다 해도 칸은 아니잖아. 무슨 말을 하는 거야. 프랑스는 연합국이었잖아" 하는 사람이 있을지도 모른다.

이는 역사 인식이 좀 나이브하다고 말해야 한다.

왜냐하면 프랑스의 헌법상 정통적인 정권은 1945년 5월 나치 독일이 와해될 때까지 독일에 협력한 비시 정권이었기 때문이다.

드골이 국외에서 '프랑스 공화국 임시정부'를 선언한 것은 1944년 6월이다. 이 이중 권력 체제는 종전 때까지 이어졌다. 그러므로 개전 초기의 반년간과 전쟁 막바지 석 달을 제외한 전 기간, 프랑스는 '일본의 준동맹국'이었던 것이다.

제2차 세계대전에서 프랑스의 정규군과 일본군이 조우할 가능성이 있었던 것은 프랑스령 인도차이나인데, 그때 비시 정부는 일본 정부와 '인도차이나 공동방위협정'을 맺어 인도차이나반도에 대한 일본군의 주둔을 합법화했다. 프랑스는 전후 비시에 관한 모든 기억을 은폐했기 때문에 인도차이나반도에 대한 일본의 진출이 (적어도 국제법상은) '추축국 두 나라에 의한 식민지 공동 지배'였다는 사실은 잊혀졌다. 프랑스와 일본의 이러한 '결탁'으로 동아시아 지배에 위기감을 느꼈기 때문에 미국은 곧 일본과의 적대를 결의한다.

역사 이야기는 이쯤에서 제쳐두기로 하자.

내가 말하고 싶은 것은 피비린내 나는 전쟁이 끝나고 불과 몇 년 지나지 않아 일본 영화에 영예로운 상을 준 것은 물론 일본 영화의 높은 수준도 있겠지만, 역시 그런 영화제의 주최지 사람들 중 '일본인에게 근친자가 죽임을 당했기 때문에 일본이라는 글자를 보는 것만으로도 몸이 부르르 떨리는 분노' 같은 르상티망ressentiment을 품는 사람이 없었다는 사실이 크게 영향을 미쳤다는 것이다.

가령 '베이징 영화제'라든가 '서울 영화제'라는 게 있었다면 그런 영화제에서 〈라쇼몬〉이 1951년에 그랑프리를 받을 수 있었을까?

그럴 수 없었을 거라고 나는 생각한다.

제2차 세계대전에서 프랑스는 연합국 측으로서, 즉 일본의 적국으로서 전쟁을 마쳤다. 하지만 일본과 프랑스의 전투는 이루어지지 않았기 때문에 일본에 대한 프랑스인의 감정이 깊이 손상되는 일은 벌어지지 않았다.

문제는 형식상, 국제법상 '적인가 아군인가'에 있는 게 아니다.

어떤 나라의 군대가 다른 나라로 가서 사람을 죽이는가 아닌가 하는 아주 생생한 일에 있다.

거기서 사람만 죽이지 않는다면, 비록 국제법상의 적국이라 하더라도 뿌리 깊은 증오의 대상은 되지 않는다. 몇 세대에 걸친 르상티망의 포로가 되는 일도 없다.

그러므로 나는 대테러 문제에 일본 정부가 미국을 지원한다고 '말만 하는' 것에는 찬성한다. '돈을 내겠다'는 것도 부디 마음대로 하라. 항공모함의 호위에 전함을 제공하는 것 정도는 눈을 감아줘도 좋다.

하지만 병사를 전장에 보내는 것에는 결코 반대한다.

'인적 공헌'이 시끄럽게 이야기되는 것은, '거기서 일본 병사가 한 사람이라도 피를 흘리면 미국 국민은 일본이 아군이라는 것을 결코 잊지 않을 거라는 방식으로 기억한다'고 다들 생각하고 있기 때문이다.

그것을 거꾸로 말하면, '거기서 일본 병사가 한 사람이라도 적국 사람을 죽이면 적국의 국민은 일본이 적이라는 것을 결코 잊지 않을 거라는 방식으로 기억한다'는 사실이다.

왜 이런 말을 하지 않을까.

아마 일본 정부의 높은 사람들은 일본의 자위대원이 '죽을' 뿐이고 '죽이지 않는'다는 이상적인 국면을 꿈꾸고 있을 것이다.

그렇다면 미국에 '은혜'만 베풀고 이슬람 국가들에 '빚'은 지지 않을 수 있기 때문이다. 하지만 그렇게는 되지 않는다.

파병하면 '죽을' 뿐 아니라 반드시 '죽이게' 된다.

일본 정부 관계자들이 공식적으로 발표하는 것을 피하는 이유는 한 번이라도, 한 사람이라도 그 나라 사람을 군사적 행동 과정에서 죽이면 일본은 그 나라의 모든 사람들로부터 몇 세대나 걸쳐 깊은 증오를 받게 된다는 당연한 예상 때문이다.

나는 G8의 체면 같은 것보다 중요한 것이 있다고 생각한다.

국제사회에서의 위신보다 중요한 것이 있다고 생각한다.

일본의 국제 전략의 대의는 국제사회에서 설령 '멸시'의 대상이 되더라도 결코 '증오'의 대상이 되지 않는 것에 있다. 나는 그렇게 믿는다.

(2001. 9)

'호헌'파와는 다른 헌법 제9조 옹호론

고이즈미 총리의 개헌 발언과 헌법기념일이 겹쳐 개헌 논의가 활발하다.

오늘의 '선데이 프로젝트'*에서도 헌법 9조의 개정 문제가 논의되었다.

생각해보면 헌법 문제에 대해 나는 아직 이 사이트**에 한 번도 의견다운 것을 쓴 적이 없다.

이 기회에 내 입장을 밝혀두기로 한다.

---

* 아사히 텔레비전에서 1989년부터 2010년까지 매주 일요일 아침에 생방송된 보도, 정치 토론 프로그램.

** '우치다 타츠루의 연구실内田樹の研究室' 사이트를 말한다.

나는 헌법 9조의 개정에 반대한다.

다만 나의 헌법관은 이른바 '호헌'파의 헌법관과는 상당히 다르다. 자위대에 대한 생각도 다르다. 그것에 대해 쓰고자 한다.

먼저 첫 번째 확인이다.

법률은 '좋은 일을 하게 하기' 위한 것이 아니라 '나쁜 일을 하지 않게 하기' 위해 제정된다.

나는 그렇게 생각한다.

경험적으로 말하면 인간은 긍정적 동기가 있다고 해서 반드시 '좋은 일'을 하는 건 아니지만 형벌이 없으면 거의 반드시 '나쁜 짓'을 한다.

이는 자신 있게 단언할 수 있다(1970년대의 학생운동에서 지겨울 정도로 봤기 때문이다. 당시의 학생들이 '법적 제재를 면할 수 있다'는 걸 알았을 때 스스로에게 얼마나 무도한 행위를 허락했는지 나는 잘 기억하고 있다).

헌법 9조는 '전쟁을 하게 하지 않기 위해' 제정되었다.

왜냐하면 '인간은 내버려두면 반드시 전쟁을 하기' 때문이다.

이것이 헌법 논의의 대전제다. 이는 호헌, 개헌을 불문하고 누구나 이해할 수 있는 전제라고 생각한다.

그렇다면 논리적으로 다음에는 '그럼 어떻게 하면 인간에게 전쟁을 하지 않게 할 수 있을까'라는 물음이 나온다.

'전력戰力을 갖지 않는다'는 것이 가장 간단하지만 일본은 이미 전력을 갖고 있다.

그렇다면 '가능한 한 전력을 쓰지 않기' 위해 어떻게 할까 하는 식으로 생각하는 것이 현실적이다.

그런데도 개헌론자들(예컨대 오늘 텔레비전에서 말했던 야마사키 타쿠山崎拓와 오기 치카게扇千景)은 헌법 9조의 제2항 "육해공군과 그 밖의 전력은 보유하지 않는다. 나라의 교전권은 인정하지 않는다"를 없애고 "일본은 육해공군을 보유하고 자위를 위해 유엔안전보장이사회의 결의에 따라 무력을 행사할 수 있다"는 식으로 바꾸고 싶다고 한다.

어떻게 생각해도, 이 개정의 의도는 '전쟁을 하고 싶다'는 것으로 해석할 수밖에 없다.

왜냐하면 헌법 9조를 그렇게 개정한다는 것은 '전쟁을 해도 되는 조건'을 실제로 정하는 것이기 때문이다. 아무리 합리적이고 엄밀한 규정이라고 해도 '전쟁을 하기 위해 갖추어야 할 조건'을 정한 법률은 '전쟁을 하지 않기 위한 법률'이 아니라 '전쟁을 하기 위한 법률'인 것이다.

예컨대 형법 199조는 '살인죄'를 "사람을 죽인 자는 사형 또는 무기, 그렇지 않으면 5년 이상의 징역에 처한다"고 규정하고 있지만 '사람을 죽여도 되는 조건'은 규정하지 않았다.

개헌론자의 논리는 '자위를 위해, 또는 공공복지에 적합한 경우를 제외한다'는 제한 조건을 형법 199조에 덧붙이라는 것과 마찬가지다.

"어떤 경우라면 살인을 해도 처벌받지 않는지를 미리 규정해두자. 왜냐하면 때로는 사람을 죽이지 않으면 안 되는 경우도 있으니까. 제외 규정을 정해두면 후련한 기분으로 사람을 죽일 수 있지 않을까." 이 사람들은 이렇게 주장하고 있는 것이다.

때로는 사람을 죽이지 않으면 안 되는 경우가 있다는 것은 사실이다.

그러나 그것과 '사람을 죽여도 되는 조건을 확정하는' 것 사이에는 천양지차가 있다.

살인에 대해 우리가 알고 있는 것은 '사람을 죽이지 않으면 안 되는 경우가 있다'는 사실과 '사람을 죽여서는 안 된다'는 금지령이 '동시에' 존재하고 있다는 점이다. 그리고 그 둘의 양립 불가능한 요청 사이에서 '분열되는 것'이 인간의 비극적 숙명이라는 점이다.

모순된 두 요청 사이에서 흔들리는 것은 기분 나쁘기 때문에 어느 쪽으로든 정리하여 깔끔하게 하고 싶다, 이야기를 단순하게 해주지 않으면 알 수 없게 된다고 그들은 말한다.

이는 '어린아이'의 주장이다. '무장 국가'인가 '비무장 중립 국가'인가의 양자택일밖에 없다는 것은 '어린아이'의 논리다. 사물이 단순하지 않으면 기분 나쁘다는 것은 '어린아이'의 생리다.

'어른'은 그런 말을 하지 않는다.

다시 한번 되풀이하는데, '사람을 죽이지 않으면 안 되는 경우가 있다'는 것과 '사람을 죽여도 되는 조건을 확정하는' 것 사이에는 논리적 관계가 없다.

왜냐하면 '사람을 죽여도 되는 조건'을 확정한 순간 '사람을 죽여서는 안 된다'는 금지령은 무효가 되기 때문이다. '사람을 죽여도 되는 조건'을 확정해버리면 나머지는 '사람을 죽이고 싶은' 경우 인간은 '그것을 위해 갖추어야 할 조건'을 찾아내는 것에만 머리를 쓰게 될 것이다.

인간은 그런 구제할 길 없는 동물이라는 사실을 잊어서는 안 된다.

'사람을 죽여서는 안 된다'는 계율만을 받들어 섬기며 그것으로 된다는 인간은 실제로 사람이 죽임을 당하는 현실 앞에서 무력하다. 자기 자신의 생명과 신체가 어쩌면 자신이 사랑하는 것, 자신이 그 보호에 책임을 져야 하는 것의 생명, 신체, 재산이 위험에 노출되었을 때 계율 그 자체에는 그것을 효과적으로 억지할 힘이 없다.

'사람을 죽이지 않으면 안 되는 경우가 있다'는 것은 현실이다. '사람을 죽여서는 안 된다'는 것은 이념이다. 우리는 상극인 현실과 이념을 동시에 받아들이고 동시에 살아가지 않으면 안 된다.

정치가들은 어느 쪽으로든 정리하면 깔끔할 거라고 말한다.

하지만 '깔끔하게 하는 것'이 그렇게 중요한 일일까. 인간이 실제 놓여 있는 '깔끔하지 않은' 상황에서 눈을 돌리면서까지 '깔끔할' 필요가 있는 것일까.

되풀이해서 말하지만 헌법 9조의 취지는 '인간에게 전쟁을 하지 않게 하는' 것이다.

그에 비해 헌법 9조 개정론자는 '전쟁은 필요하면 해도 된다'는 것을 주장한다. 그 논거는 '실제로 전쟁이 일어나고 있고 자위의 필요가 있기' 때문이다.

그러나 그것은 그들이 믿고 있는 만큼 '현실적인' 추론일까.

그들은 헌법 9조를 '공론空論'이라고 한다. '만약 어느 나라가 침략해오면 어떻게 할 것인가'라고 위협한다.

하지만 잘 생각해보면 이 논리는 형법이 '공론'이라고 말하는 것과 같다.

왜냐하면 형법 199조가 있는데도 일본에서는 매일 살인사건이 일어나고 있기 때문이다. 개헌론자가 헌법 9조는 '공론'이니 전력 행사를 인정하라고 주장하는 것은 형법 199조는 '공론'이니 시민은 총기로 무장해야 한다고 주장하는 것과 같은 형태의 논리다.

하지만 그들도 그런 어리석은 주장은 하지 않을 것이다.

개헌론자도 시민이 전원 무장함으로써 새롭게 생겨나는 재난이 지금 일어나고 있는 재난보다 많으리라는 것 정도는 예측할 수 있기 때문이다.

바로 그렇기 때문에 형법 199조가 '공론'이 아닌 것과 마찬가지로 헌법 9조는 '공론'이 아니다. 나는 그렇게 생각한다.

실제로 일본은 이미 자위대라는 '무장'을 하고 있고 '외적의 침략'에 대한 대비를 하고 있다. 그리고 그 '무장'은 어떤 조건에서 행사되어야 하는가에 대한 '사회적 합의'는 암암리에 이미 존재한다. 전력 행사의 조건이란 형법 37조 '긴급 피난'에 규정되어 있다. 그것은 인류의 '상식'을 조문화한 것이라고 해도 좋다.

"자기 또는 타인의 생명, 신체, 자유 또는 재산에 대한 현재의 재난을 피하기 위해 어쩔 수 없이 한 행위는 그것에 의해 생기는 해害를 피하려고 한 해의 정도를 넘지 않은 경우에 한하여 벌하지 않는다."

아마도 거의 일본 국민 전원이 '긴급 피난'에 대한 이 생각을 '상식'으로 인정하고 있을 것이다. 그리고 '정당방위·긴급 피난의 행위에 의해 생긴 해'가 '회피하려고 한 해'를 결코 넘어서는 안 된다는 것도 '상식'으로 받아들이고 있을 것이다.

그것은 앞에서 쓴 총기 규제에 대한 '상식'으로 통하고 있다. '총의 소지에 의해 생기는 해'가 '총의 소지에 의해 회피되는 해'보다 크다면 그것은 금지되어야 할 것이다.

간단한 산술이다.

그것과 같은 산술에 의해 나는 '전력의 행사에 의해 회피되는 해'가 '전력의 행사에 의해 생기는 해'보다 크다면 전력은 행사해야 하고, '전력 행사에 의해 생기는 해'가 '전력 행사에 의해 회피되는 해'보다 큰 경우 전력은 행사해서는 안 된다고 생각한다.

자위에 관한 논의는 이것으로 끝난다고 생각한다.

유엔의 결의라든가 안조보약 같은 것은 이미 이 원칙에서 파생된 것이지 그것에 앞선 것이 아니다.

자위대는 '긴급 피난'을 위한 '전력'이다. 이 원칙은 현재 국민 대다수에 의해 불문율로서 인정되고 있고 그것으로 충분하다고 나는 생각한다.

자위를 위해서라 하더라도 가능한 한 폭력을 행사하고 싶지 않고, 행사하는 경우라도 가능한 한 제한적으로 행사하고 하고 싶은 것이다. 국민 대부분은 그렇게 생각한다.

이를 '모순된다'라든가 '정통성을 인정받지 못했다'고 불평하는 사람은 법률의 취지만이 아니라 아마도 '무武'라는 것의 본질을 모르는 것이다.

"무武는 상서롭지 못한 것不祥器이다." 이는 노자의 말이다.

무력은, "그것은 더러운 것이므로 결코 사용해서는 안 된다"는 봉인과 함께 존재한다. 그것이 무의 본래적인 모습이다. '봉인되어 있는' 것 안에 '무'의 본질이 존재하는 것이다. 노자의 정의에 비춰보면 '대의명분을 붙여 당당히 사용할 수 있는 무력' 따위는 '무력'이 아니다. 단순한 '폭력'이다.

나는 지성적인 면에서 개헌론자보다 노자가 더 낫다고 생각한다. 그러므로 그 가르침에 따라 '정통성을 인정받지 못한' 것이야말로 자위대의 정통성을 담보해줄 거라고 생각하는 것이다.

자위대는 '전쟁을 할 수 없는 군대'다. 이 '전쟁을 하지 않을 군대'가 막대한 국가 예산을 써서 근대적인 군사력을 갖추는 것에 국민이 그다지 반대하지 않는 것은 헌법 9조의 '무게'가 효과를 발휘하기 때문이다. 헌법 9조의 '봉인'이 자위대에 '무의 정통성'을 보증하고 있기 때문이다.

개헌론자는 헌법 9조가 자위대의 정통성을 훼손하고 있다고 주장한다.

나는 이 주장을 물리친다. 반대로 헌법 9조야말로 자위대의 정통성에 근거를 주고 있다고 나는 생각한다.

자위대는 헌법 제정과 거의 동시에 헌법과 마찬가지로 GHQ(연합군 최고사령부)의 강력한 지도 아래 발족했다. 다시 말해 이 두 제도는 본질적으로 '형제'인 것이다. 그것은 이 두 제도가 모두 미합중국의 세계전략에서(더욱 직접적으로는 GHQ의 점령정책에서) 태어났다는 것을 생각하면 너무나도 당연한 일이다.

헌법 9조와 자위대가 모순된 존재인 것은 '모순되어 있는 것'이야말로 처음부터 양자에게 맡겨진 정치적 기능이기 때문이다.

미국은 일본에 평화 헌법과 군대를 '동시에' 줌으로써 일본이 국제정치적으로 고유한 기능을 하도록 기대했다.

헌법 제정은 1946년, 경찰예비대의 발족은 1950년이다. 헌법에 4년의 시간적 이점이 있기 때문에 현재의 논쟁 구조가 정착되어 있지만, 만약 이 순서가 반대였다면 오히려 헌법 9조의 의미는 확실했을 것이다. 헌법 9조를 공동화空洞化하기 위해 자위대가 만들어졌다기보다는 자위대를 규제하기 위해 헌법 9조가 효과적으로 기능하고 있다는 구도가 보일 것이다.

헌법 9조와 자위대는 상호 배제하고 있는 것이 아니라 이를테면 상보적으로 떠받치고 있다.

'헌법 9조와 자위대'라는 '쌍둥이 제도'는 미국의 주도권 아래 전후 일본 사회가 간특한 꾀를 써서 만들어낸 '역사상 가장 교묘한 정치적 타협'의 한 사례다.

헌법 9조의 현실성은 자위대에 의해 지탱되고 있고, 자위대의 정통성은 헌법 9조의 '봉인'에 의해 담보되고 있다. 헌법 9조와 자위대가 실제적으로 길항하고 있는 한 일본은 세계에서도 예외적으로 안전한 나라일 수 있다고 나는 믿고 있다.

입 밖에 내지는 않지만, 아마도 일본 국민은 대부분 나와 마찬가지로 생각하고 있을 것이다. 바로 그렇기 때문에 지금까지 사람들은 헌법 9조의 개정을 거부하고 자위대의 존재를 수용할 수 있었던 것이다.

(2001. 5)

자칭 리버럴리스트들이 빠지는 논리 모순

대학의 오리엔테이션에서 이상한 일이 있었다.

열 명 정도의 신입생이 소그룹으로 나뉘어 여러 가지 주제로 이야기를 나누었다. 그런데 내가 담당하는 그룹에 재일코리언이 있었다.

그 여대생이 자기소개를 할 때 자신의 호적상 성에는 친숙하지 않으니 아무쪼록 통칭(일본인 성)으로 불러달라고 했다.

얼마 전 아사히신문에 재일코리언의 '이름'에 대한 집착이 연재 기사로 실렸다. 거기서 호의적으로 받아들여진 것은 모두 '호적상의 성'으로 살기를 선택한 사람들의 사례였다.

'일본인 같은 이름'으로 나고 자랐으며 그대로 일본에서 '일본인처럼' 살아가는 길을 선택한 사람들도 많다. 그 사람들을 특별히 비판하는 것은 아니지만 '호적상의 이름을 말하는 것은' '자긍심이 높은 일'이라는 기사의 흐름을 이어받으면 '일본인 같은 이름'으로 살아가는 재일코리언은 '자긍심 없는 사람'이라는 식으로 해석되어도 어쩔 수 없는 노릇이다.

실제로 내가 만난 학생은 고등학교 담임선생에게 "재일코리언으로서의 긍지를 갖고 살아라"는 말을 듣고 졸업식 날 모든 학생들 앞에서 "저는 사실 재일한국인입니다"라고 커밍아웃하라는 재촉을 받았다고 한다. 그녀의 말투에서 그것이 본의가 아닌 선택이었다는 것을 미루어 짐작할 수 있었다.

나는 그녀를 따라 대학 사무실로 가서 교섭하는 걸 도와주고 모든 공식 서류를 새로이 통칭으로 만들어주겠다는 약속을 얻어냈다(사무 당국자의 대응은 무척 신속했고 호의적이었다).

거기서 나는 잠깐 그녀와 이야기를 나눴다.

'민족의 자긍심을 갖고 살아간다'는 표현은 누가 사용하든 좀 불쾌하다는 데 우리의 의견은 일치했다.

나는 '나는 …… 민족이다'라든가 '나는 …… 인종이다'라는 것을 소리 높여 주장하는 사람을 좋아하지 않는다.

어떤 장면에서 어떤 비판을 할 때도 늘 '민족으로서'라든가 '인종으로서'라는 판단 기준이 우선적으로 의식화되는 사람을 나는 '내셔널리티 콘셔스니스nationality consciousness(민족의식)'나 '레이스 콘셔스니스race consciousness(인종 의식)'가 높은 사람이라는 식으로 부른다.

'……인人인 이상 ……이지 않으면 안 된다'는 발상법이 일상의 평범한 행동을 선택할 때 하나하나 의식화되는 사고의 부자유함을 나는 조금도 좋은 일이라고 생각하지 않는다.

다문화 공생이라는 것이 그렇게 껄끄러운 것이어야 하는 걸까. 아사히신문의 기자는 이렇게 썼다.

> 일본 사회는 왜 '약간 다른 존재'를 자연스럽게 받아들일 수 없는 걸까. (……) 이 나라에 사는 것은 '일본인다운 이름'을 가진 '일본인'만-우리는 이런 고정관념을 떨쳐 버리고 좀 더 사회 구성원의 다양성을 깨닫고 익숙해질 필요가 있다.

구성원이 다양하다는 것에 관용적인 사회를 요구하는 것에 나는 전혀 이의가 없다.

'나 혼자 이상하고 나머지가 모두 보통'인 상황에서는 사람들이 얼마나 불관용적이 되는지 나는 경험적으로 잘 알고 있다. 그런 경험을 되풀이해서 맛봐온 한 인간으로서 나는 구성원에 '괴짜'가 있어도 이러쿵저러쿵 말하지 않고 '균질화'하는 것에 과도한 압력을 가하지 않는 일본 사회가 되기를 바란다.

또한 이 기자의 논의에 강한 위화감을 느낀다.

나는 이 기사 자체에서 '다양성을 억압하고 균질화를 요구하는' 극히 '일본적'인 은밀한 압력을 느끼기 때문이다. 내가 어렸을 때부터 되풀이해서 강요받아 계속 반항해온 꺼림칙한 그 말투가 들리기 때문이다.

이 기자는 '재일한국·조선인'은 '본명'을 말해야 한다, '일본인다운 이름'으로 사는 것은 일본 사회의 배타적인 고정관념에 굴복함으로써 인간으로서 부끄러운 일이다, 하고 암암리에 주장한다(커밍아웃을 요구하는 고등학교 교사에게 학생이 느낀 것은 이 무언의 압박이다).

이런 주장은 "재일한국·조선인은 일본 사회에서 '일본 사회의 균질화 압력'에 이의제기를 하고 '다양성의 혼재'를 요구해야 한다. 그것이야말로 올바른 재일한국·조선인의 모습이다"라는 정치적으로 올바른politically correct '당위'를 전제로 삼고 있다.

그 전제가 거기서 나오는 결론을 부정하고 있다는 것을 이 기자나 고등학교 교사는 왜 알아차리지 못하는 것일까.

이 글의 '재일한국·조선인'을 '일본인'으로 바꾸고 '일본 사회'를 '국제사회'로 바꾸면 이는 이시하라 신타로石原愼太郎*나 후지오카 노부카즈藤岡信勝,** 오자와 이치로小澤一郎***의 주장과 동일하다.

나는 이시하라 등의 주장이 싫다.

---

* 소설가 출신의 정치가로 도쿄도지사를 네 번 연임한 극우 인사.

** 교육평론가로 '새로운 역사교과서를 만드는 모임'의 부회장인 극우 인사.

*** 일본의 거물 정치인으로, 17선 중의원 의원이다.

이는 그들이 나를 멋대로 '일본인'이라는 집단에 묶어 넣어 '일본인이니까 ……하는 것이 당연하다'라는 '국민의 의무'를 내 동의도 없이 마음대로 강요하기 때문이다.

나는 나다.

일본인으로서 뭘 해야 하는가는 내가 스스로 판단해서 결정한다. 그런 자기 결정권은 헌법이 내게 보장해주는 기본적 인권의 하나다. '일본인은 ……하는 것이 좋다고 생각한다(그렇게 하면 모두가 행복해지니까)'라는 논의에 나는 항상 주의 깊게 귀를 기울여 왔다. 그러나 '일본인이니까 …… 해야 한다'는 논의를 (설령 합당한 주장이라고 해도) 나는 받아들이지 않는다. 그 '말투'가 마음에 들지 않기 때문이다.

그러므로 재일한국·조선인은 다양성을 주장해야 한다, 라고 주장하는 이 기자가 (아마 주관적으로는 리버럴한 사람이겠지만 그는 그런 줄도 모르고) 이시하라나 후지오카와 같은 억압적인 '말투'를 구사하는 것에 나는 좌절을 느끼는 것이다.

재일한국·조선인 중에도, 재일미국인 중에도, 재일유대인 중에도, 재일아이슬란드인 중에도 나와 마찬가지로 '재일 * * 인이니까 너는 …… 해야 한다'는 어법을 싫어하는 사람도 있을 거라고 생각한다(아마 나와 마찬가지로 소수파겠지만).

민족이나 인종으로 집단을 한데 묶어 그 집단을 '당위'로 다루겠다는 발상 자체를 근절하지 않는 한 진정한 의미에서 다양성에 대해 관대한 사회 같은 건 실현할 수 없다. 나는 그렇게 확신한다. 하지만 그것에 동의하는 사람은 놀랄 만큼 적다.

아사히신문사의 기자는 계속 이어서 문화적 다양성의 실례로서 이런 이야기를 소개하고 있다.

> 오사카에서 우편배달부로 일하는 청년은 이런 이야기를 했다. 배달해야 할 집에 사람이 없을 때 우편함에 넣는 통지문에 반드시 한글로 자신의 이름을 쓰고 읽는 방법을 일본어로 달아놓는다.
>
> "그걸 본 사람이 자연스러운 형태로 재일코리언의 존재를 이해해준다면 좋겠다"라고 한다. 이름은 이렇게까지 웅변적이다. 그러므로 소중히 하고 싶다.

나는 이 기자의 의견에 전혀 동의하지 않는다.

만약 자신의 집 우편함에 읽을 수 없는 글자의 통지문이 들어 있다면 나는 난감할 것이다. 그것이 한글이든 러시아어든 그리스어든 마찬가지다.

이 기자는 만약 '재일이스라엘인' 우편배달부가 '자연스러운 형태로 재일이스라엘인의 존재를 이해해주었으면 한다'는 마음에서 그가 다루는 공문서에 히브리어로 서명하는 것에도 동의할까?

나는 동의하지 않는다.

그런 개인적인 것을 업무에 끌어들이기를 바라지 않는다. 공사 구별을 해주었으면 싶다.

내셔널리티라는 것은 역사적으로 형성된 환상적인 '귀속 의식'에 지나지 않는다. 나는 그렇게 생각한다. 그것이 얼마나 강고한 것인지는 뼈저리게 느끼지만 그래도 '환상은 환상이다'라고 단언하고 싶다.

그 귀속처로서 어디가 우선적으로 의식되는가 하는 것은 각각의 사정으로 정해진다. 그런 의미에서 '재일한국인'과 '재고베후쿠오카현인在神戸福岡縣人' 사이에는 귀속 의식의 양상에서 원리적인 차이가 없다(웃을 일이 아니다. 실제로 지금으로부터 120년쯤 전 세이난西南 전쟁 때는 '사츠마薩摩인'에 대한 '아이즈會津인'의 증오가 정치적으로 의미 있는 요소인 시대였다. '가고시마鹿兒島현 사람은 죽여도 된다'고 확신한 후쿠시마현 사람이 집단으로 존재했다).

그런 농밀한 아이덴티티를 갖고 있는 '후쿠오카현 사람 우편배달부'가 '고베시에도 후쿠오카현 사람이 자연스러운 형태로 존재하는 것을 이해해주었으면 좋겠다'는 마음에서 부재통지문에 '부재허니께 다시 올꺼구먼'이라고 썼다고 해도 나는 그런 애향 의식에 전혀 감동하지 않는다.

되풀이하지만, 집단은 균질적이어야 하고 그 구성원은 그 집단의 고유한 방식으로 판단하고 행동해야 한다는 논의를 세우는 방법을 나는 태어나고 나서부터 계속 싫어한다.

아사히신문사의 기자(그리고 학생에게 커밍아웃을 재촉한 고등학교 교사)는 왜 '일본 사회'가 균질적인 것을 부정하면서도 '재일코리언 사회'가 균질하다는 것을 당위로 삼는 자신의 논리가 모순되었다는 것을 깨닫지 못하는 것일까.

내게 생각나는 설명은 하나밖에 없다.

그들은 골수까지 '균질화'되어 있는 탓에 '다양성'이란 어떤 것인지 상상할 수 없다는 것이다. 좀 더 솔직한 표현을 해도 좋겠지만, 감정을 상하게 할 수 있으니 그만두기로 하자.

(2001. 4)

온디맨드 교육론

중학생에 의한 폭력 사건이 잇따르고 있다. 총리가 이례적인 코멘트를 발표하거나 어쩐 일인지 사회적인 지각 변동이라도 일어난 듯이 허둥대는 모습을 보인다. 예전에 나는 조만간 아이들이 사회의 가장 폭력적이고 가장 약한 고리가 될 거라고 쓴 적이 있다. 그때 내가 '아이는 약한 고리'라는 말로 하려고 했던 것은 '우리 사회의 집합적인 연대'가 '아이'를 기점으로 하여 토막토막 끊겨 붕괴해갈 거라는 음울한 예감이었다. 나쁜 예감은 잘 들어맞는다.

이번 사건에 대해 또 시끄럽게 '학교가 나쁘다'거나 '가정이 나쁘다'거나 '어른 사회가 나쁘다'거나 하는 서로의 무익한 책임 전가가 시작될 것이다. 그때 '성적 위주의 교육'이라든가

'입시 스트레스'라는 닳아빠진 말로 뭔가를 설명하려는 식자가 나올지도 모른다. 적어도 그것만은 그만두었으면 한다.

확실히 말해두지만 중학생이 폭력적인 행동으로 나오는 것은 '성적 위주의 교육'이나 '입시 스트레스' 탓이 아니다. 왜냐하면 '재수학원 강사'나 '보습학원 강사'가 스트레스가 쌓인 중학생이 휘두른 칼에 찔린 사건을 과문한 나는 알지 못하기 때문이다.

도시 지역에서는 초등학교 고학년부터 아이들은 보습학원에 다니기 시작하고, 그것은 보통 대학에 입학할 때까지 이어진다. 보습학원은 시험공부'만'을 가르치는 곳이고 성적'만'이 유일한 가치 기준인 '이상한' 공간이다. 그렇다면 보습학원이나 재수학원이야말로 성적 위주 교육의 모순이 정점에 달하여 입시 스트레스가 폭발하고 '수학 수업 중에 문제를 풀지 못한 아이가 교단에서 교사를 찔러 죽이는' 사건이 빈발해도 좋은 장소일 것이다. 그러나 그런 사건은 일어나지 않는다. 그렇게 많은 재수학원과 보습학원이 있지만 말이다. 왜일까.

그것은 재수학원이나 보습학원은 시험공부'만'을 가르치고 성적'만'을 중시하며 아이들의 '인격'을 단호히 무시하기 때문이다. 극단적으로 말하자면 아이가 틱 증상을 일으키든, 골초든, 윗도리 옷자락에서 파자마가 비어져 나와 있든, 침을 흘리든, 재수학원에서는 그런 것에 아무도 주의를 기울이지 않고 아무도 타박하지 않는다. 그러므로 재수학원이나 보습학원에서 아이들이 '해방감'을 맛보는 일이 일어날 수 있는 것이다.

대체로 사람들이 믿고 있는 것과 반대로 학교가 억압적인 것은 그곳이 개인의 '인격'을 무시하기 때문이 아니라 개인의 '인격'이나 '개성'이 과도하게 언급되기 때문이다.

"성적이 좋다고 해서 잘난 체해서는 안 됩니다"라든가 "성적이 나쁘다고 해서 인간쓰레기인 것은 아닙니다"라는 말을 재수학원 강사는 절대 입에 담지 않는다. 왜냐하면 재수학원 강사는 '성적'과 '인격' 사이에는 아무런 관계도 없다는 것을 잘 알고 있기 때문이다. 그들은 자신의 일이 학생의 성적을 판정하는 것이지 학생의 인격에 대해 뭐라고 언급할 입장에 있지 않다는 걸 잘 알고 있는 것이다.

성적과 인간성 사이에 어떤 관련성이 있다거나 없다거나 하는 해로운 담론을 여기저기 퍼뜨리는 것은 학교 교사들 쪽이다. 그들은 성적 판정만으로는 학생을 '굴복'시킬 수 없다는 것을 알고 있기 때문에 집요하게 학생의 인격이나 개성에 대해 왈가왈부한다.

옛날에 자동차운전학원에 다녔을 때 운전 교습을 통해 원생의 인격 도야를 목표로 하는 난감한 강사가 있었다.

도로 주행 교습을 받을 때 내가 부주의하게 보행자에게 너무 가까이 다가가자 그는 내게 "보행자 보호를 할 수 없는 사람은 인간으로서 최악이다. 너는 운전 같은 걸 할 자격이 없다"고 고함을 질렀다. 나는 이미 어엿한 어른이었지만 그 말에는 도저히 화를 참지 못하고 차에서 끌어내려 패버릴까, 하고 진심으로 생각했다.

아마 그는 선의의 사람이고 교육적 정열로 흘러넘쳤을 것이다. 하지만 그는 큰 잘못을 저질렀다. 그것은 기계의 조작 기술을 배우기 위해 강사에게 취하는 순종적이고 주의 깊은 나의 태도를 인격적인 상하관계로 착각하여 나를 '인간적으로 훈육할' '권리'와 '책임'이 자신에게 있다고 생각해버린 일이다.

일본의 교사는 대부분 그 강사와 같은 잘못을 매일 저지르고 있다. 학생들이 자신의 '입장 때문에 취하는 순종적이고 주의 깊은 태도'를 교사에 대한 인격적 복종의 표시라고 착각하는 잘못과 애초에 학교 교육에 아무것도 기대하지 않는 학생의 무기력한 태도를 교사에 대한 인격적 반항이라고 착각하는 잘못이다.

결론을 서두르자. 먼저 학교에서 폭력을 근절하는 가장 효과적인 방법은 학교에서 일체의 '인격 교육적 요소'를 배재하는 것이다.

한정된 기술과 정보를 '온디맨드On Demand'*로 전달하고, 배우는 측에는 적절한 대가와 필요한 규칙 준수만을 요구하는 사무적인businesslike 학교. 그런 학교에서라면 어떤 폭력 사건

---

* 이용자의 주문이나 요구에 따라 상품이나 서비스를 제공하는 것.

도 발생하지 않을 것이다. 나는 그렇게 단언할 수 있다. 하지만 '온디맨드' 교육은 진정한 의미에서의 '교육'이 아니다. '진정한 교육'이란 무엇인가에 대해서는 다른 글에서 논하기로 한다.

(1999. 4)

교육과 에로스

지금 대학에서 성희롱은 심각한 문제다.

연구자로서의 장래를 약속하는 대가로 여성 대학원생에게 성적 관계를 요구한 대학교수가 징계를 받은 사건이 연달아 보도되고 있다.

그런 탓에 대학에서는 '성희롱 강습회' 같은 이벤트가 자주 열리고 "성희롱 문제를 일으키지 않도록 배려합시다"라는 '계몽' 활동이 이뤄지고 있다. "학생이 연구실에 오면 문을 열어 둡시다"라든가 "함께 술을 마시러 가는 일은 삼갑시다"라든가 "담당 교수와 떠나는 학습 여행은 자숙합시다" 등의 간절할 정도로 실리적인 제언이 이루어지고 있다.

교수의 권한을 등에 업고 학생에게 성적 관계를 강요하는 바보 같은 교수를 신속하게 근절하는 일에 나는 아무런 이견도 없지만, 그렇다고 해서 이런 식의 실제적인 제언을 진지하게 받아들일 생각은 들지 않는다. 그것은 성희롱을 둘러싼 이런 발상 중에는 내가 도저히 따르기 힘든 것이 포함되어 있기 때문이다. 대학에서는 교수와 학생 사이에 '학술 정보의 수수'가 이루어지면 일단 교육은 기능을 한다. 그러므로 쓸데없는 짓을 하지 마, 하는 사고 자체에 내가 동의할 수 없기 때문이다.

앞글의 말을 그대로 가져다 쓰면 성희롱을 염려하는 대학은 우리들 교원에게 '온디맨드 교육'을 장려하고 있다는 이야기가 된다. 교수는 한정적 학술 정보를 학비만큼 학생에게 제공하면 된다. 그 이상의 서비스도 그 이하의 서비스도 교수와 학생 사이의 계약에는 포함되어 있지 않기 때문에 할 필요가 없다. 수업이 끝나면 학생과 얼굴을 마주 하지 말고 곧장 집으로 돌아가라.

음, 그렇군.

나는 '온디맨드 교육'의 장이라면 폭력은 일어나지 않을 거라고 썼다. 마찬가지로 '온디맨드 교육'의 장에서는 성희롱도 일어나지 않을 것이다(불쾌한 교수가 나오면 학생은 '스위치'를 '오프'로 하면 되니까).

하지만 그것이 '진정한 교육'일까.

나는 대학이 '진정한 교육의 장'이기를 바란다. 그것을 위해서는 '온디맨드 너머'로 나아가야만 한다. 그것에 대해 생각하는 바를 잠깐 말하기로 한다.

대학이라는 장에서 교수는 학생에 대해 권력적인 지위에 있다. 이는 누구나 인정하는 것이다.

다만 교수의 '권력'은 성적 평가나 학점 인정이나 통과 판정이라는 제도적인 권한에만 근거하고 있는 게 아니다.

학생들은 교수가 권력을 갖고 있기 때문에 (마지못해) 예속되어 있는 게 아니라 학생들이 '알 필요가 있는 것'을 교수가 '알고 있다'고 상정되기 때문에 교수는 권력을 갖고 있는 것이다.

교수에게 성적 평가나 학점 인정의 권리가 부여되어 있는 것은 교수가 '지知의 소재를 알고 있는 자'로 간주되기 때문이지 그 반대가 아니다.

물론 현실에서는 제도적 권한만으로 가까스로 학생을 위압하고 있는 무능한 교수가 얼마든지 존재한다. 그러나 학교의 본뜻에 따라 말하자면 학생들은 '지의 소재'를 찾아 대학에 오는 것이지 무지한데도 으스대는 인간에게 예속되기 위해 대학에 오는 것이 아니다.

만약 교수의 본질을 구성하는 것이 제도적인 권력이라고 하는 게 사실이라면 성적 평가 권한을 부여받은 자는 누구든 교수로서의 역할을 해나갈 수 있게 된다.

하지만 현실은 그렇게 되어 있지 않다.

우리는 동료 신임 교수를 뽑을 때 그 사람이 '지의 소재'를 찾는 학생의 요구에 부응할 수 있는 사람인가 아닌가를 기준으로 인선한다.

그때의 기준은 그 사람이 '비즈니스 마인드가 있다'거나 '칠판 글씨를 잘 쓴다'거나 '목소리가 낭랑하다'거나 하는 게 아니다. 그 사람 자신이 '지의 소재'를 지금도 계속해서 찾고 있는지 어떤지를 확인하는 것이다. '지의 소재'에 대한 엄청난 욕망에 지배되어 있을 것, 이것이 대학교수의 최소 조건이기 때문이다.

모든 대학교수에게는 '지의 소재'에 대한 욕망이 골수까지 스며들어 있다. 그러므로 게으르고 바보 같은 교수는 있어도 자신이 '지적 인간'으로 보이고 싶은 욕망에서 자유로워질 수는 없다. 그리고 그런 욕망에 애를 태우고 있는 한 그 사람은 교수로서의 최소 조건은 갖추고 있다고 나는 판단한다.

학교라는 곳은 모든 제도적 허식을 도려내면 '지'에 대한 욕망을 가진 자(=교수)의 욕망이 '지'에 대한 욕망을 가진 자(=학생)의 욕망 대상이 되는 '욕망의 욕망' 구조로 귀착한다.

'욕망의 욕망'이라는 것은 『정신현상학』에서 헤겔이 한 말이며 '인간성'에 대한 궁극적인 정의의 하나다.

알렉상드르 코제브는 그것을 이렇게 해석한다.

> 인간적 욕망은 타자의 욕망으로 향해져야 한다. (……) 예컨대 남녀 간의 관계에서 욕망은 서로 상대의 육체가 아니라 상대의 욕망을 바라는 게 아니라면, 또 상대의 욕망을 욕망으로 파악하고 그 욕망을 '점유'하고 '동화'하고 싶다고 바라는 게 아니라면, 곧 서로 '욕망되고' '사랑받는' 것, 또는 자신의 인간적인 가치, 개인으로서의 실재성에서 '인정되는' 것을 바라는 게 아니라면 그 욕망은 인간적이지 않다.
>
> (『헤겔 독해 입문』)

인간의 욕망이 조준하는 것은 사물이나 사람이 아니라 '타자의 욕망'이다.

우리 인간은 '타자 자체'를 점유하거나 '타자와 일체화'하는 것을 바라는 것이 아니다(약간은 바라지만 헤겔의 말에 따르면 그것은 '동물적 욕망'이다). 그게 아니라 '타자의 욕망의 대상이 되는 것', '타자에게 욕망되고 사랑받고 인정받는 것'을 욕망한다.

이 '타자의 욕망을 욕망하는' 구조가 가장 잘 드러나는 것은 코제브가 인용한 것처럼 성애의 장이다.

에마뉘엘 레비나스에 따르면 관능에서 우리가 조준하는 것은 타자의 육체가 아니라 타자의 관능이다. 한편 타자가 조준하는 것은 나의 육체가 아니라 나의 관능이다. 나는 타자의 관능을 활성화하고 타자의 관능은 나의 관능을 활성화한다. 즉 성애의 국면에서 내가 쾌감을 얻는 것은 상대가 나로부터 쾌감을 얻는다고 느끼기 때문이고 상대가 나로부터 쾌감을 얻는 것은 내가 상대로부터 쾌감을 얻는다고 느끼기 때문이다.

두 사람의 관능은 각각이 서로를 활성화하고 인정하며 자신의 꼬리를 삼키는 우로보로스의 뱀처럼 어떠한 실체적 기초도 필요로 하지 않는 루프 속을 빙빙 순환하고 있다.

교육의 경험 역시 '타자의 욕망에 대한 욕망'으로 활성화되어 활동한다는 점에서, 즉 '인간적 욕망'의 과정이라는 점에서 관능의 경험과 비슷한 점을 갖고 있다(다만 '비슷한 점을 갖고 있을' 뿐이지 '모두 같은' 것은 아니다. 당연하겠지만).

학생들이 대학에 오는 것은, 그곳에 가면 '자신에게 부족한 것'을 채워주는 '지자知者'를 만날 수 있을 거라는 기대를 갖고 있기 때문이다(기대는 대부분 배반당하지만). 그래도 교수가 '지적인 것'(적어도 '지적으로 보이는 것')에 필사적인 특이한 성향으로 각인된 인간인 한 '지자이려고 열망하는 자'들의 욕망의 대상이 될 수 있다. 가령 교수가 충분한 학술 정보나 기술을 소유하지 않아도 '자신이 충분한 학술 정보나 기술을 소유하지 않은 것'에 예민한 고통과 수치를 느낀다면 그 '타자가 갖고 있는 지에 대한 욕망'의 열렬함에서 '〈타자가 갖고 있는 지에 대한 욕망〉을 욕망하는' 학생에게 강한 학습 동기를 줄 수 있다.

그러므로 극단적으로 말하자면 대학교수이기 위해서는 '바보라는 것'은 장애가 되지 않는다. '바보라는 것을 부끄럽게 여기는' 것만으로 충분하다. 왜냐하면 배움의 장을 추동하는 것은 '지 자체'가 아니라 '지에 대한 사랑'이기 때문이다.

지와 에로스의 본질적인 친화성에 대해 말한 사람은 헤겔만이 아니다. 고대로 거슬러 올라가도 우리는 지금 내가 말한 것과 거의 같은 말을 발견할 수 있다.

대체로 욕구하는 자는 '자신의 수중에 없는 것, 실제로 없는 것, 자신이 갖고 있지 않은 것, 현재의 자신과는 다른 것, 자신에게 부족한 것'을 욕구한다.

그런 욕구를 소크라테스는 '에로스'라고 불렀다.

> 지는 가장 아름다운 것의 하나이고, 아름다운 것에 대한 욕구를 에로스라고 합니다. 그러므로 에로스는 필연적으로 지를 사랑하는 자이고, 지를 사랑하는 자이기 때문에 필연적으로 지가 있는 자와 무지한 자의 중간에 있는 자인 것입니다.
>
> (플라톤, 『향연』)

소크라테스에게 그렇게 배운 것은 무녀 디오티마다.

교육이란 '지를 사랑하는 자의 욕망'과 '지를 사랑하는 자의 욕망을 욕망하는 자'의 '중간에 있다'. 교육이란 '중간성' 자체의 장이다. 그러므로 디오티마를 믿는 한 '배움의 장'이란 반드시 '에로스의 장'이 된다.

그러므로 학교에서 성희롱 사건이 일어난다.

다만 그것은 학교가 '에로틱한 장이기' 때문이 아니다.

그게 아니라 학교가 본질적으로 '에로틱한 장인 것'을 사람들이 '모르기' 때문이다.

'지의 소재를 아는 자'라는 기능적인 입장 때문에 교수는 학생에게 필연적으로 에로스적 욕망의 대상이 된다. 교육 사업은 그 욕망을 추진력으로 하여 비로소 성립한다.

이를테면 우리들 교수는 매일 '에로틱한 화약' 안에서 일을 하는 불꽃(폭죽) 만드는 사람 같은 존재다. 인화성 높은 '화약'을 올바르게 통제하면서 교수는 학생들 자신의 '무지의 껍질'을 깨뜨려 그 가능성을 개화시킨다.

성희롱 교수는 자신이 '화약'의 한가운데서 일하고 있다는 것을 '모르는' 인간이다. 학교를 비에로스적 장이라고(또는 '그래야 한다'고) 믿고 있는 교수들은 거기에 '화약'이 충만해 있다는 것을 모르기 때문에 태연하게 '화약' 가운데서 담배를 피우고 모닥불을 피운다. 그리고 학생과 함께 날아가 버리는 것이다.

성희롱 교수에게 결여된 것은 자제심이 아니라 지성이다. 왜냐하면 그는 교육의 본질이 에로틱한 것이라는 사실을 '모르기' 때문이다.

'지성을 결여한' 성희롱 교수를 벌하는 것에 나는 아무런 이견도 없지만, 그 벌을 기초 짓는 것은 '배움의 장은 본질적으로 에로틱한 것이라는 사실을 알고 나서 일을 하라'는 실천적인 훈계이지 '배움의 장은 에로틱한 것이어서는 안 된다'는 관념적인 금지령이 아니다.

내가 성희롱에 대한 논의에서 틀렸다고 생각하는 것은 성희롱의 현실을 걱정하는 담론이 자칫하면 '배움의 장은 에로틱한 것일 리 없고 그래서는 안 된다'는 정치적 판단과 간단히 결부되는 일이다.

실제 성희롱 사례가 가르쳐주는 것은 교수가 권력을 슬쩍 내비쳐 학생을 을러서 성적 관계를 맺었다는 것은 예외적으로 악질적인 사건이고, 대부분의 경우 교수는 학생과 '각각 합의하에 연애 관계를 맺었다'고 믿었다는 것이다. "학생이 내게 강한 욕망을 드러냈다. 그러므로 나는 그것에 응한 것이다. 이는 순수하게 사적인 일이고 교육과도 권력과도 관계없는 일이다."

성희롱으로 고발된 교수들 대다수는 이렇게 반론한다.

그런 반론이 성립할 수 있다고 그들이 믿는 것은 '교육의 장에서 학생은 반드시 교수에게 강한 욕망을 드러낸다'는 구조 법칙을 간과하기 때문이다. 교육이라는 과정에서 구조적으로 일어나는 현상을 교수 개인에게 우연히 일어난 우발적인 사건이라고 잘못 이해하고 있기 때문이다.

학생이 교수에게 드러내는 욕망은 정신분석 치료의 완화기에 환자가 분석가에게 심한 성적 욕망을 드러내는 '전이' 현상과 아주 비슷하다.

프로이트는 처음에 그것을 "마음속의 비밀을 털어놓을 수 있고 그것에 대해 유용한 조언을 해주는" 분석가에 대한 환자 측에서의 감사하는 마음이 자연스럽게 드러난 것이라고 생각했다. 그러나 치료 현장에서 거의 예외 없이 (백발의 노파가 손자쯤 되는 나이의 분석가에게, 아주 젊은 아가씨가 몸도 제대로 가누지 못하는 할아버지에게) 연애 감정을 품고 분석가와 맺어지기 위해 이혼하거나 불륜을 시도하는 사례가 속출하기에 이르자 프로이트도 결국 그 욕망이 환자의 개인적인 감정생활과는 다른 수준에서 거의 구조적으로 발생하는 것임을 깨달았던 것이다. 그리고 그 욕망을 단서로 분석 치료가 극적으로 진행된다는 것도.

> 우리는 환자에게, 당신의 감정은 현재의 상황에서 나오는 것도 아니고 의사 개인에게 향해지는 것도 아니며 당신의 마음에 일찍이 일어났던 일의 반복이라고 지적해주고, 그것에 의해 전이를 극복하는 것입니다. (……) 어쨌든 치료를 더할 나위 없이 위협하는 것으로 보였던 전이는 치료의 가장 좋은 도구가 되고, 그 도움을 빌려 정신생활의 닫힌 부분이 백일하에 드러나게 되는 것입니다.
>
> (『정신분석 입문』)

프로이트의 이 전이론은 그대로 교육론에 적용된다.

학생이 교수에게 품는 욕망은 학생의 개인적인 감정생활에 기원을 갖는 것도 아니고 교수 개인에게 향해진 것도 아니다. 그것은 '지에 대한 사랑'의 표출에 다름 아니다. 그것은 언뜻 보면 '교육을 더할 나위 없이 위협하는 것으로 보이'지만 실은 '교육의 가장 좋은 도구'이고 '그 도움을 빌려' 우리는 학생의 욕망이 향해야 할 올바른 방향을 가르쳐주며 그들을 '지의 탐구' 여행으로 보낼 수 있는 것이다. 분석 치료가 전이를 추진력으로 하여 진행되는 것과 마찬가지로 교육 또한 '지의 소재에 대한 욕망'을 추진력으로 하여 진행되는 것이다.

사제 관계가 본질적으로 에로틱한 것임을 잘 알고 있던 소크라테스는 『향연』에서 제자의 욕망을 올바르게 읽어내는 것은 어떤 것인가의 모범을 보여주고 있다. 『향연』의 종반부에서 술에 취한 아르키비아데스가 아가톤의 축연에 난입함으로써 고상한 이야기의 장은 스승 소크라테스의 사랑을 다투는 두 젊은이에 의한 삼각관계의 극이 된다. 자칫 시끄러운 싸움이 일어나기 직전에 소크라테스는 자신을 향한 두 젊은 제자들의 에로스적 욕망을 제어하고 그들을 교묘하게 성숙의 회로로 이끈다.

소크라테스가 이끌어가는 데 성공하는 것은 젊은이들이 욕망하는 것이 '소크라테스 그 사람'이 아니라 '소크라테스가 갖고 있다고 상정되는 지'라기보다 엄밀하게는 '소크라테스가 욕망하는 지', 즉 '소크라테스 자신이 갖고 있지 않은 지'에 대한 욕망이라는 것을 알고 있었기 때문이다.

타자의 욕망이 조준하는 곳이 '나 자신'이나 '내가 갖고 있는 지'가 아니라 '내가 소유하고 있지 않고 내가 욕망하는 것', '내 욕망이 조준하고 있는 타자의 욕망'이라는 사실을 알고 있을 때만 자신에게 향해진 욕망을 통제하는 데 성공할 수 있다.

그러나 교수는 대부분 그것을 깨닫지 못하고 학생은 자신이 '소유한 것'에 대해 욕망을 안고 있는 것이라고 믿는다.

이 '학생의 욕망을 잘못 읽은 것'이 대학에서의 성희롱 문제의 진정한 원인이다.

학생이 자신에게 보이는 욕망을 자신의 개인적인 성적 매력의 효과라고 생각하여 '사랑에 빠지는' 교수와, 학생이 자신에게 보이는 경외심을 자기 개인의 박학함과 식견의 효과라고 생각하여 '마구 으스대는' 교수는 사제 관계의 욕망의 역학을 놓치고 있다는 점에서 실은 완전히 동류인 것이다. 그러므로 대부분의 경우 '성희롱 교수'는 '함부로 으스대는 교수'이기도 하다.

거듭 말하자면 교육이 에로스적 욕망을 추진력으로 하여 진행된다는 구조적 진리에서 눈을 돌리고 모든 욕망을 개인의 자질이나 성벽性癖의 수준에서 설명하는 점에서 '연구실의 문을 열어둡시다'와 같은 성희롱 방지 계몽가도 성희롱 교수와 동형적인 사고를 반전시켜 이야기하는 것에 지나지 않는다. 그러므로 성희롱 사건의 당사자가 ('교육의 장에서 에로스적 요소를 일소하라'고 주장하는) '성희롱 방지 활동'의 열성적인 추진자였다는 역설적 사태가 실제로 일어나는 것이다.

이는 아이러니도 뭐도 아니고 당연한 이치라고 나는 생각한다.

(2002/2)

매매춘과 자존심의 문제

매매춘은 내게 가장 서툰 영역이다.

이 분야가 서툰 것은 '성을 자신의 주력 상품으로 하는' 여성 측의 의식도 '성적 쾌락을 금전으로 살 수 있다'고 믿고 있는 남성 측 의식의 양상도 모두 내가 '싫어하는' 것이기 때문이다.

좋아하고 싫어하는 데는 이유가 없다. 그저 '싫은' 것이다.

나는 애초에 여성이 나와서 애교를 부리며 술을 마시게 하는 곳이 싫다. 그러므로 그런 가게에는 발길을 하지 않는다. 교제상 어쩔 수 없이 그런 가게에 들어간 경우 가만히 아래를 보고 고통을 참는다. 내 모습이 너무 언짢아 보이기 때문에 접대하는 여성에게도 나의 언짢음이 전염되어 술자리는 흥이 깨지고 험악해진다.

일전에 지인에게 이끌려 어쩔 수 없이 들어간 어느 술집에서 돈을 내고 가게에서 나올 때 접대한 호스티스가 "두 번 다시 오지 마"라며 무릎 뒤쪽을 걷어찼다. 취객의 어리석은 행동을 웃으며 눈감아 주는 것을 업으로 하는 그 여성에게 적의를 품게 할 만큼 내 혐오의 뿌리는 깊은 것이다.

"그렇게 즐거운 곳이 왜 싫은 거야" 하고 수상해하는 사람이 많지만 이것만은 어쩔 수 없다. 싫은 것은 싫은 것이다. 도쿄 디즈니랜드나 유니버설스튜디오재팬(USJ)이 싫은 것과 마찬가지로 설명할 수 없다.

착각하지 말았으면 하는데, 나는 '싫다'고 했을 뿐 '나쁘다'고 한 것이 아니다.

나는 바퀴벌레가 싫지만, 그렇다고 지상에서 바퀴벌레를 섬멸하라고 주장하지는 않는다. 바퀴벌레를 좋아하는 사람은 마음껏 그렇게 하라. 그저 우리 집에는 없었으면 하는 것뿐이다.

바든 룸살롱이든 유흥업소든 '노팬티 샤부샤부'(이제는 없어졌나)든 좋아하는 사람은 마음껏 가면 된다고 생각한다. 나는 가지 않는다. 그것뿐이다. 동쪽은 동쪽, 서쪽은 서쪽이다.

그래도 애써 내 혐오감의 원인이 된 것에 대해 말하자면 그것은 성적 서비스를 상품으로서 매매하는 것이 '돈 버는 방법'

으로서 본래적인 게 아니라고 마음속 어딘가에서 생각하고 있기 때문이다.

원래 '돈을 번다'는 것은 어떤 종류의 기술을 익혀 그 행사를 통해 '고객의 존경'과 '적절한 대가'를 얻는 일이라고 나는 생각한다.

숙달하기가 어렵고 또 사회적으로 유용한 기술을 익힌 사람은 높은 대가와 깊은 존경을 받고 '직업인'으로서 유리한 위치에 자리할 수 있다. 단순한 이야기다.

'좋은 일'이라고 하면 보통 사람은 '많은 급료'를 우선 떠올리는 것 같지만 나는 그런 식으로는 생각하지 않는다. '좋은 일'은 '깊은 존경을 받는 일'이라고 생각한다.

일을 할 때 무엇보다 우리를 불쾌하게 하는 것은 '이기적인 고객', '불공평한 상사', '무능한 동료', '반항적인 부하' 등의 '인간적인 요소'다. 아무리 높은 급료든, 아무리 편한 일이든 우리의 신경은 그것을 오래 견디는 것이 불가능하다.

인간적 요소가 충실한 노동 환경에 있으면 ('호의적인 고객', '공정한 근무 고과를 할 수 있는 상사', '유능한 동료' 등등) 우리는 상당히 가혹한 노동이라도, 상당한 박봉이라도 그것을 즐길 수 있다(왜냐하면 직장에 가는 것이 즐겁기 때문에).

보통 사람은 그런 '즐거운 노동 환경'을 찾으려 노력한다.

성적 상품은 성립하는 방식이 그 반대다.

성의 상품화에는 '직업 훈련'이 필요하다고 여겨지지 않는다(오히려 매춘부의 나이가 어려지는 경향이 보여주는 것처럼 이 시장에서는 '직업 훈련을 받지 않는 것'이 시장 가치를 형성하기도 한다).

성의 상품화는 '고객의 존경'을 얻기 위한 것이 아니다. 오히려 '고객에 의해 자신의 인간적 위신이 짓밟혀지는 것'의 대가로서 어느 정도의 돈을 받는 시스템이다.

나는 매매춘 경험이 없기 때문에 거기서 어떤 쾌락이 매매되는지 모르지만 무라카미 류村上龍의 소설을 읽는 한 (그러고 보니 성산업에 관한 나의 정보원은 거의 이 사람이다) 주력 상품은 신체적 쾌락 자체가 아니라 타인을 자신의 쾌락에 봉사하는 '도구'로 삼는다는 '주인과 노예 게임'에 상당히 기울어져 있는 것으로 여겨진다.

확실히 매춘은 조건이 갖춰진 경우에는 상대적으로 '많은 대가'이고 '익히는 데 노력을 필요로 하지 않는' 상품을 살 수 있는 '유리한 일'처럼 생각될지도 모른다. 하지만 그것은 '일을 한다'는 것의 가장 소중한 부분, '그 활동을 통해 주위 사람들의 존경을 얻는다'는 점이 탈락되어 있는 점에서 (오히려 '자존심을 포기함으로써 수입을 얻는다'는 점에서) 직업으로서 성립하지 않는다는 것이 나의 생각이다.

'매춘'을 직업으로 인정해야 한다고 주장하는 지식인들이 있다(미야다이 신지宮台眞司나 우에노 치즈코上野千鶴子. 나는 그런 생각에는 반대한다.)

'그런 것을 하고 있으면 누구로부터도 존경받지 못하게 된다'는 것이 매춘을 하는 여자아이에게 말해야 할 가장 당연한 말이라고 나는 생각한다.

'존경 같은 건 받지 않아도 돼요. 돈만 있다면' 하고 대답하는 젊은 사람이 있을지도 모른다. 하지만 그건 단견이다.

'타자로부터의 경의' 없이 인간은 유쾌하게 살 수 없다는 것은 사회생활의 원칙이다.

물론 그저 먹고 살아갈 수 있다면 특별히 '유쾌'하지 않아도 되는 사람도 있을 것이다.

"누구한테도 폐를 끼치지 않으니까 상관없잖아."

그 말대로다.

다만 그런 사람은 앞으로 어떤 생활 방식을 택하든 '타인의 불합리한 욕망에 휘둘리며 사는' 미래밖에 기다리고 있지 않다고 나는 생각한다.

'매춘하는 남자'에 대한 혐오감 역시 자존심을 사용하는 그들의 방식과 관련되어 있다.

내 눈에는 이 남자들은 성적 서비스를 파는 여자의 자존심을 돈으로 사서 쓰레기통에 버리는 것처럼 보인다. 왜 타인의 자존심을 일부러 돈을 내어 사고, 게다가 그것을 짓밟고 침을 뱉고 쓰레기통에 버리는 일을 하고 싶은지, 나는 잘 모르겠다.

사회생활에서 충분한 존경을 받을 수 없는 사람이 타인의 자존심을 상하게 함으로써 균형을 유지하고 있을지도 모른다.

"그렇지 않아요. 사회적 지위가 높은 사람도 매춘을 하고 있잖아요" 하는 반론이 있을 것이다.

잘 읽었으면 싶다. 나는 '충분한 존경'이라고 말한 것이다.

그런 사람들은 우리가 보면 꽤나 잘난 체하고 있는 것으로 보여도 본인은 '좀 더, 좀 더' 하고 생각하고 있을지도 모른다(전의 총리는 사회적으로 아주 대단한 사람이었던 듯하지만 아마 본인은 '존경받는 것'에 불만이 있었다고 생각한다. 그러므로 가령 보도되었던 것처럼 그가 매춘 상습자라는 말을 들어도 나는 놀라지 않을 것이다).

나는 매춘을 한 적이 없지만 그것은 '존경받는 것이 부족하다'고 생각한 적이 한 번도 없는 것과 아마 관계가 있을 것이다. 특별히 내가 항상 충분히 존경받고 있었다는 것은 물론 아니다(그럴 리 없지 않습니까).

그게 아니라 내가 '어느 정도 존경받을 만한 사람인가'에 대한 주관적인 판단과 나에 대한 세상의 평가가 대체로 일치했기 때문이다.

내가 '이런 식으로 살면 안 되겠는걸' 하고 생각할 때 세상은 내게 눈도 주지 않고, 내가 '요즘 분발하고 있어'라고 생각할 때 여러 사람들이 친절하게 대해준다. 자기 평가와 타자로부터의 평가가 적절하게 연결되어 있으면 '자존심 문제'는 발생하지 않는다.

다시 말해 매춘을 할 수밖에 없는 분기점은 성욕의 과다가 아니라 '자신의 사회적 위치에 대한 객관적 평가의 적정성'에 있다고 나는 생각한다.

어쩌면 이런 반론이 있을지도 모른다. 매춘을 하는 여성들은 특별히 자존심을 파는 게 아니다. 신체 기관의 일부를 사용하게 할 뿐이지 거기에 자존심은 아무런 관계도 없다. 오히려 매춘을 하는 남자를 깔보는 것은 우리다, 라고.

그건 아니다.

이쪽이 '팔 생각'이 없는 것을 그쪽이 '사는' 것은 가능하다.

자존심이나 인간적 존경이라는 것은 그런 종류의 '것'이다.

왜냐하면 '자존심'이나 '존엄' 같은 것은 자립해서 존재하는 것이 아니기 때문이다.

그것은 타자에 의해 '이 사람은 자존심이 있다'고 인정되고 두려움을 가질 때 기능하기 시작하고 '하찮은 녀석이다'라고 판정된 순간 사라지는 것이다. 그것은 당사자 쌍방이 그 존재에 동의했을 때만 성립하는 사회 계약인 것이다.

그러므로 아무리 매춘을 하는 여성이 '나는 경멸받지 않고 경멸하지도 않는다'고 주장해도 매춘賣春을 하는 측이 매춘買春을 하는 여성을 경멸하고 있을 때 자존심은 매매되는 것이다.

매매춘에서 거래되는 것은 '기관적器官的인 쾌락'이 아니라

'인간의 존엄'이다. 나는 그렇게 생각한다.

왜냐하면 인간이 돈을 아끼지 않는 것은 '인간적 가치'의 가격표가 붙어 있는 것, 즉 환상에 대해서뿐이기 때문이다.

에로스와 평등

페미니스트 동료와 논의했을 때 재미있는 화제가 나왔다.

평등이라는 것이 초래하는 일종의 악몽에 대해서다.

페미니스트는 성에 의한 사회적 차별을 완전히 없앨 것을 요구한다. 하지만 사회적 차별화 지표로서의 성차를 완전히 없앴을 경우 인간들을 분류하는 기준은 어떤 것이 될까.

페미니스트는 성차만이 아니라 인종이나 국적, 종교, 이데올로기를 불문하고 인간의 '질'만을 기준으로 사람들을 계층화할 것을 요구한다. 그렇게 되면 이론적으로는 그 앞에 완전한 '기능주의 사회'가 출현하게 된다.

그러나 모든 사회적 초기 조건을 동일하게 갖춘 상태에서 전원이 결과적으로 드러난 능력의 차이에 의해 계층화되는 사회는 그만큼 살기 좋은 사회일까, 애초에 그런 것을 우리가 정말 바라는 것일까.

남녀의 성차를 페미니스트는 '권력 관계'나 '계층 차'라는 식으로 '원래 균질적인 것이 작위적으로 분리된 상태, 원래 균등하게 배분되어야 할 자원이 편재화해 있는 상태'로 규정한다.

사회적 자원의 분배가 출발점에서 이미 불평등하다는 점은 확실히 문제가 많은 것이다. 그런 점에서는 페미니스트의 주장에 공감한다.

하지만 그렇다고 해서 평등화를 철저하게 하는 것에는 저항을 느낀다.

왜냐하면 초기 조건이 완전히 평등하기 때문에 결과적으로는 '모든 달성은 개인적 노력의 공적으로 돌아가는' 사회라는 것이 일종의 '악몽'처럼 생각되기 때문이다.

이는 '완전한 능력 사회'다. 거기서는 성차도 인종차도 연령차도 종교차도 어떤 사회적 구별도 인간의 차별화를 수반하지 않고 그저 '뛰어난 인간'과 '그렇지 않은 인간'만이 차별화된다.

그것은 어떤 의미에서 '궁극의 경쟁 사회'다.

성차가 가시적인 사회(우리 사회 같은)에서 사회적 자원의 분배에는 성차에 의한 불평등이 있다.

'여자는 여기에 오면 안 돼'라는 영역이 있다. 그것은 확실히 부자유한 일이지만 그 대가로서 성 간의 '경쟁'과 '투쟁'이 얼마간 완화되기도 한다.

일종의 사회활동이나 사회적 영역을 강력하게 '유성화有性化'함으로써 우리는 거기에 '성적 금지 영역'을 만들어낸다. 일반적으로 '강력하게 구별된 영역'에서 우리는 단순한 '인간'이 아니라 남성, 여성으로서의 성차를 의식하며 행동하게 되고, 그것이 에로틱한 감정을 조성한다. 에로스적 감정이 개재하면 우리는 남녀가 '다른 모습의' 사회적 행동을 하는 것, 남녀가 각각 '접근할 수 없는' 영역이 존재하는 것을 그다지 '불쾌'하게 느끼지 않게 된다.

에로틱한 감정이 조성되는 장이란 동일물에 욕망을 집중하지 않도록 구조화된 장을 말한다. 그 결과 제한된 사회적 자원을 '경합'적으로 서로 빼앗는 것이 회피되기도 한다.

〈타이타닉〉의 마지막 장면에서 남녀가 마지막으로 남은 하나의 튜브를 붙잡고 있다. 하지만 거기서 튜브의 쟁탈전은 일어나지 않는다. 가장 마지막이 되면 '성 간의 자원 쟁탈은 절대적으로 회피되지 않으면 안 된다'는 인류학적 금기가 작동하여 디카프리오는 웃으며 익사한다.

잘 생각해보면 협상도 가위바위보도 없이 디카프리오만 죽는 것은 '불공평'하다. 하지만 에로스적 감정이 개재하는 곳에서는 '공평'이라는 개념이 결코 주제화되지 않는다.

그 반대로 사회적 불평등이 분명히 존재하지만 전혀 에로틱하지 않은 관계라는 것도 얼마든지 존재한다.

예컨대 일반적으로 '사장'과 '평사원' 사이에 에로틱한 감정은 생기지 않는다.

그러나 '두목'과 '부하' 사이나 '황제'와 '노예' 사이, '귀족'과 '하인' 사이의 관계는 회사원의 상하 관계보다 아마 에로틱할 것이다.

왜일까.

그 차이는 아마 '차이가 결정적인가, 극복 가능한가'의 차이에서 생길 것이다.

'황제'를 우러러보는 '노예'는 자신이 그와 융합한다거나 입장을 바꾸거나 할 가능성을 거의 상상할 수 없다.

그러나 '사장'을 보는 '평사원'은 '언젠가 나도……' 하고 상상하거나 사내 파벌 투쟁을 이용하여 사장 일파를 추방하는 날을 상상할 수 있다.

다시 말해 성원의 균질도가 높고 차별화가 개인적 능력의 차에 많이 의존하는 사람들 사이의 관계는 '비에로틱'한 것이 되고, 개인의 노력으로는 넘을 수 없는 차이로 떨어져 있는 사람들 사이의 관계는 '에로틱'해질 가능성이 높다고 말할 수 있는 것이다.

이런 관점에서 말하자면 페미니스트가 몽상하는 이상 사회는 사회로부터 거의 모든 에로스적 요소가 불식된 사회, 모든 사회적 국면에서 '이건 남자들이 할 거니까'나 '여성이 할 테니까 남자분은 코털이나 뽑고 있어'라는 성적 분업이 일소된 사회, 바꿔 말하면 구석구석까지 '하극상 월급쟁이가 집단화'한 듯한 사회다.

나는 그런 사회에는 그다지 살고 싶지 않다.

나는 '넘어서기 힘든 차이'가 의식되고 한층 '그것을 넘어서 이어지고 싶다'는 로맨틱한 감정이 넘쳐흐르고 에로틱한 정동情動이 사람들의 사회적 태도 결정에 깊이 관여하고 있는 탓에 자원 쟁탈이 전경화하지 않는 사회가 '전원이 무엇이든 타산적으로 생각하는 하극상 월급쟁이 사회'보다 더 좋다.

나는 요즘 계속 레비나스의 '에로스론'을 생각하고 있다. 그것에 대해 쓴 것을 이것저것 읽지만 아무래도 납득이 가지 않는다.

그것은 '차이는 유지되지 않으면 안 된다'는 레비나스의 기본적 구상과 페미니즘이나 마르크스주의로 대표되는 '차이는 해소되지 않으면 안 된다'는 '상식' 사이의 근본적인 '어긋남'을 내가 제대로 말로 표현할 수 없었기 때문이다.

레비나스의 사상은 다른 말로 하면 '인간과 인간의 관계는 에로틱한 것이다'라는 것이다. 나도 최근 그렇게 생각하게 되었다.

그것은 '원래 남녀 사이에 에로스적인 것이 있으니까 그것을 몰아가서……' 하는 진부한 실재론이 아니다. 그게 아니라 '에로틱한 것'이란 지적, 윤리적인 노력으로 타자와의 사이에 '구축되어야 할 것'이라는 점이다.

우리는 '에로틱'이기는 하지만 '권력적'이지 않은 관계를 타자와 어떻게 맺을 수 있을까. 그 물음에 대해 나는 계속 생각하고 있다.

생각하고 있기는 하지만 좀처럼 말이 되지는 않는다.

알 수 있는 것은 하나뿐이다.

그것은 '나와 당신은 서로 대칭적이고 평등하다'라는 '공정함'에서 출발해서는 결코 '윤리'가 도출될 수 없다는 사실이다.

로크나 홉스는 인간 사이의 평등성에서 도덕이 도출될 수 있다고 생각했다. 즉 '자신이 당한 불쾌한 일은 타인에게도 하지 않는다'는 불쾌의 상호대칭성, 나와 당신의 입장을 바꿀 수 있다는 것이 인륜을 기초 짓는다고 생각한 것이다.

그러나 자타의 상호대칭성으로는 윤리를 기초 지을 수 없다.

레비나스는 되풀이해서 그것을 썼다. 역시 그렇지 않겠는가.

'나와 당신'이 다투고 있을 때 상호대칭성의 원리에서는 "네가 한 대 치면 나도 한 대 칠 권리가 있다"는 말이 이끌려 나오지만 "네가 먼저 나를 때렸지만 나는 너를 때리지 않을 것이다"라는 말은 나오지 않기 때문이다.

나와 당신이 완전히 평등한 주체와 주체로서 마주하고 있을 때 먼저 창을 거두고 "뭐, 됐어. 이제 그만두자" 하고 먼저 말하는 것이 '당신'이 아니라 '나'여야만 하는 이유가 '나' 쪽에 없기 때문이다. 상호대칭성을 원리로 한다면 그런 용서의 말은 결코 입 밖에 나와서는 안 된다.

레비나스에 따르면 윤리를 기초 짓는 것은 '내가 먼저 당신을 용서한다'는 주체의 비상호대칭성이다. '나'와 '당신'의 교환 불가능성이야말로 윤리의 기둥이 되는 것이다.

앞에서도 말했지만 윤리적이라는 것은, 한마디로 '먼저 하세요'라는 말을 모든 기회에 망설이지 않고 말할 수 있는 일이다.

이 말은 '나와 당신의 입장은 교환 가능하다'는 사고를 하는 한 결코 입에 담을 수 없는 것이다. 윤리는 '먼저 하세요'라고 말하는 것은 결단코 '나'이지 '당신'이 아니라는, '희생자 지위의 선취'라는 불평등성 위에서만 성립한다.

문제는 어떤 인간이 '먼저 하세요'라는 말을 망설이지 않고 입에 담을 수 있는가 하는 것이다.

나는 아직 그 답을 부분적으로만 알고 있다.

"나는 지금까지 당신보다 줄곧 더 행복했다. 그러므로 당신이 미래에 관한 권리를 나보다 많이 유보留保하고 있다"는 식으로 생각할 수 있는 것, 이는 틀림없이 윤리적 인간이기 위한 요건 가운데 하나다. 디카프리오는 이 요건을 충족했던 것이다.

반대로 말하자면 자신이 타인보다 불행했다고 생각하는 사람은 윤리적으로 행동하는 일이 어려울 것이다.

아직 이것밖에 알 수 없다.

그러므로 일단 나는 다른 사람들보다 많은 행복을 향유하도록 밤낮으로 노력에 노력을 거듭하고 있는 것이다.

'나'는 나의 다중인격 중 하나에 지나지 않는다

닥터 K노소노와 '유바'*를 먹는다.

닥터는 내가 아는 한 예전에는 '래디컬 고등학생'이었고 '래디컬 대학생'이 되었으며 나중에는 '래디컬 의사'가 된 사람이다. 평생 일관되게 '아무튼 과격'하다는 것이 정말 마음에 든다.

래디컬이란 사물을 '그 근본에서 생각하는' 지적 자질을 말한다.

무슨 일이든 '그 근본에서 생각하'면 색다른 모습을 드러낸

* 두유를 끓여 그 표면에 엉긴 얇은 막을 걷어서 말린 식품.

다. 닥터와 이야기를 나누고 있으면 세상의 삼라만상이 점점 색달라져 왠지 모르게 가슴이 두근두근하게 된다.

화제는 아토피 치료에서의 제약회사나 치료 경험의 문제에서 시작하여 의학 교육의 여러 가지 문제, 환경 호르몬 문제, 해리성 인격 장애 등 여러 갈래에 걸쳐진다. 나는 오로지 전문적 지식을 감탄하며 듣고 있을 뿐이지만, '다중 인격'이 화제가 되었기 때문에 그 순간이 운명을 걸 때라고 판단하여 평소 생각하던 의견을 개진했다.

'다중 인격'은 현재 미국에서 환자 수가 수십만 명이나 되는 엄청난 '유행병'이다. 이를 '유아기의 학대'에 의해 설명하는 것이 현재의 '정설'이다. 치료법은 억압된 유아 때의 기억을 재생시키고 부정된 자기를 되살려 다중화한 인격을 통합하는 것을 목표로 한다.

이는 '자기란 무엇인가'라는 문제에 대해 위험한 예단을 포함하고 있다고 나는 생각한다.

최종적으로 인격은 하나로 통합되어야 한다는 치료의 전제를 나는 의심하고 있기 때문이다. '인격은 하나'라고 누가 정했단 말인가.

나는 인격personality의 발달 과정이란 인격의 다중화 과정이라고 생각한다.

유아에게 세계는 미분화, 미분절의 혼돈이다. 유아에게 세계와의 접점은 오로지 점막이며 그 대상은 인간이든 음식물이든 '쾌·불쾌'를 축으로 범주화되어 있다.

좀 더 자라면 어떤 인간과 다른 인간은 메시지에 대한 수용 태도가 다르다는 것을 깨닫게 된다. 커뮤니케이션을 제대로 하기 위해서는 상대가 바뀔 때마다 발성법이나 말투, 톤, 어휘를 바꾸는 것이 좋다는 것을 학습한다.

예컨대 어머니에게 하는 말과 아버지에게 하는 말은 다른 '사회적 방언sociolect'*으로 분화하여 각각 발달해간다.

커뮤니케이션의 어법을 바꾼다는 것은 이를테면 '다른 인격을 연기한다'는 뜻이다.

상대와 자신의 사회적 관계, 친소親疎 관계, 권력 위계, 가치관의 친화와 반발……, 그것은 인간 둘이 마주할 때마다 달라진다. 그런 경우마다 일회적이고 특수한 관계를 우리는 그때그때 구축해야만 한다.

장면이 바뀔 때마다 그 자리에 어울리는 적절한 어법으로 커뮤니케이션을 할 수 있는 사람을 우리는 '어른'이라고 불러왔다.

그런 장면마다 인격을 달리하여 사용하는 것을 예전에는

* 사회적 경험 속에서 무의식적으로 각인된 기본 문형이나 어휘, 억양, 발음을 말한다.

'융통무애融通無碍'*라고 했다. 그것이 '성숙'이라는 과정의 도달 목표 가운데 하나였을 것이다.

그런데도 근대의 어떤 단계에서 이런 '인격의 달리 쓰기'는 '면종복배面從腹背'라든가 '표리부동表裏不同'이라는 부정적인 평가를 받게 되었다. 단일하고 순수한 '통일된 인격'을 항상 모든 장면에서 관철하는 것이 바람직한 삶의 태도라는 것이 어느새 지배적인 이데올로기가 된 것이다.

'진정한 자신을 찾는다', '자기실현'이라는 수사는 그 배후에 장면마다 제각기 다른 자신을 통괄하는 중추적인 자아가 있어야 한다는 예단을 숨기고 있다.

그 예단 때문에 지금 우리 사회는 어떤 국면에서도 단일한 어법으로만 커뮤니케이션을 하는 사람들, 상대의 주파수에 맞춰 '튜닝하는' 능력이 없이 고정된 주파수로만 수신과 발신을 하는, 정보 감도가 극도로 낮은 지성을 대량 산출하고 있다.

'중추적이고 단일한 자아'를 이상으로 하는 이데올로기는 '컬트'나 '마니아'에 대한 사회의 세분화, 원리주의나 편협한 부족주의와 구조적으로 동형이다.

사회 집단은 '동질적이고 단일하며 순수해야 한다'는 위험

* 생각이나 행동에 구애되는 것이 없고 자유로운 것.

한 이데올로기를 소리 높여 비판하는 사람들이 왜 '자아는 동질적이고 단일하며 순수해야 한다'는 근대의 자아론을 방치하고 종종 옹호하는 측으로 돌아서는지 나는 이해가 잘 안 된다.

현재 사회에서는 '자신답게 행동하라', '자신의 개성을 전면적으로 표현하라'는 '자아를 단편화斷片化하여 가려 쓰는' 것에 대한 엄한 금기가 유아기부터 작동하고 있다. 그런 사회에서는 '어떤 국면에서의 나'와 '다른 국면에서의 나'를 분리하는 능력을 키우지 않는다. 그리고 분리할 수 없는 이상, '좀 더 상처 받기 쉽고, 좀 더 내성이 부족하고, 좀 더 유연성이 부족한 나'가 모든 장면에서 제일 먼저 노출되는 일을 피할 수 없는 것이다.

최근의 젊은 영업사원 중에는 업무상의 사소한 실수에 대해 주의를 주면 안색을 바꾸며 화를 내는 사람이 있다. 그것이 상거래라는 한정적인 인간관계에서의 일이라는 것을 이해할 수 없고 업무상의 실수에 대한 주의를 자신의 전 인격에 대한 공격인 것처럼 받아들이기 때문에 그런 일이 일어나는 것이다.

교실 붕괴*도 그것과 마찬가지다.

교실에서 '실실 웃으며 넘길 수' 없고 자기 '그대로 살기' 때문에 정신이 고통을 받는 것이다. '교실에서 완전히 지쳐버린

---

* 교사가 학생들에 대한 통제력을 잃은 상태.

나'와 '그것과는 다른 세계에서 느긋하게 활동하는 나'를 적절히 분리할 수 있다면 시스템이 좋지 않아서 인격이 통째로 손상당하는 일은 없을 것이다.

이러한 증상은 모두 '한정되고 단편화된 〈나〉를 편의적으로 연기하는' 훈련을 하지 않은 데서 기인한다.

이러한 추세는 페미니즘에도 전형적으로 노출되고 있다.

'아내답게', '여자답게', '딸답게'라는 일련의 '~다움'의 부정이란, 요컨대 '최종적으로 수렴해야 할 단일하고 둘도 없는 중추적인 〈나〉'라는 환상 없이는 성립할 수 없다. 그것이 얼마나 위험한 환상인지 이해하는 사람은 아마 소수일 것이다.

내가 인터넷에서 이런저런 지론을 논하거나 사생활에 대해 쓴 것을 이상하게 생각했는지 "선생님, 자신에 대해 그렇게 속속들이 드러내도 괜찮으세요?"라고 물은 학생이 있었다.

"저기 말이야, 내 홈페이지에서 〈나〉라고 하는 것은 '홈페이지상의 우치다 타츠루'인 거야."

그것은 내가 만든 '캐릭터'다.

거기서 내가 "……했다"라고 쓴 것은 내가 정말 한 것의 몇만 분의 1인가를 선택하고 다시 배열하고 다양한 거짓말이나 허풍을 섞어 만든 '이야기'인 것이다.

'나'는, 하며 말하는 '나'는 나의 '다중 인격 중의 하나'에 지나지 않는다.

그런 간단한 것을 모르는 사람이 아주 많다.

내가 익명으로 글을 쓰지 않는 것은 그 탓이다.

나는 익명으로 발신하는 사람이 아주 싫지만, 그것은 '비겁'하다든가 하는 수준의 문제가 아니라 '본명의 자신'이 순수하고 생생한 것으로 어딘가에 존재한다고 믿고 있는 그 사람의 망상이 기분 나쁘기 때문이다.

나는 '우치다 타츠루'라는 이름으로 발신해도 정말 아무렇지도 않다.

그것은 자신을 '순수하고 현실감 있는 존재'라고 생각하지 않기 때문이다.

(2001/1)

제 4 장

‘어른’이 된다는 것 — 나츠메 소세키의 경우

1

“그런데 정상까지는 얼마나 되지?”

“정상까지는 6킬로미터네.”

“어디서부터?”

“어디서부턴지 알 게 뭐야, 고작해야 교토의 산이라고.”

마른 남자는 아무 말도 하지 않고 그저 히죽히죽 웃기만 한다. 네모나게 각진 남자는 힘차게 말을 잇는다.

“자네처럼 계획만 세우고 전혀 실행에 옮기지 않는 사람하고 여행하면 아무것도 못 보게 되네. 동행하는 사람한텐 정말 달갑잖은 일이지.”

“자네처럼 무턱대고 뛰쳐나가도 상대는 난처하다네. 무엇보다 사람을 데리고 왔으면서 어디로 올라가서 어디를 구경하고 어디로 내려가야 할지 어림도 잡지 못하고 있지 않은가?"

"뭐, 이까짓 일에 계획 같은 게 필요하다고 그러나? 기껏해야 저 산 아닌가?"

"저 산이어도 좋네만, 저 산 높이가 얼마나 되는지는 알고 있나?"

"그걸 어떻게 알겠나? 그런 시시한 걸, 그러는 자네는 알고 있나?"

"나도 모르네."

"거 보게나."

"그렇게 으스댈 거 없네. 자네도 모르니까. 산 높이는 둘 다 모른다고 해도, 산 위에서 뭘 구경하고 얼마나 걸릴지 정도는 다소나마 확인하고 오지 않으면, 일정이 예정대로 진행되지 않는다네."

"일정대로 진행되지 않으면 다시 하면 될 거 아닌가. 자네처럼 쓸데없는 생각을 하는 사이에 몇 번이고 다시 할 수 있다네."

이는 나츠메 소세키의 『우미인초』 첫 부분의 한 구절로, 두 청년이 교토에서 히에이잔으로 하이킹을 가는 정경을 그린 장면이다.

청년이 둘이어서 이러쿵저러쿵 불평을 해대며 산을 오르는 것은 소세키가 마음에 들어 하는 '이야기 원형' 가운데 하나인 듯 『이백십일』에서도 게이 씨와 로쿠 씨가 역시 투덜투덜 불평을 해대며 아소산에 오른다.

나는 특별히 일본 문학자도, 소세키 연구자도 아니어서 무책임한 가설을 내세우지만 소세키에게 '등산'은 '인생'에 대한 비유다. 그러므로 『풀베개』의 첫머리에서 "산길을 오르면서 이렇게 생각했다"라는 것도 '인생을 살면서 이렇게 생각했다'라고 바꿔 말해도 별 지장이 없는 것이다.

소세키는 두 젊은이를 산에 오르게 한다.

산길을 오르며 젊은이들은 생각한다.

'앞으로 우리는 어떻게 어른이 되는 걸까?'(사실 이는 '그런 대화'인 것이다. '산'을 '인생'으로 바꿔서 다시 한번 읽어보라).

이 질문이 『우미인초』를 비롯하여 『마음』, 『산시로』, 『도련님』, 『나는 고양이로소이다』 등 소세키 '교양소설'들의 근저에서 통하는 주제다.

메이지 40년(1907) 나츠메 소세키는 도쿄제국대학을 그만두고 아사히신문사에 입사한다.

그리고 처음으로 쓴 연재소설이 『우미인초』다. 소세키의 소설을 갈망하고 있던 장안의 독자에게 소세키가 만반의 준비를 하고 내놓은 첫 소설은 "산길을 오르면서 이렇게 생각하는" 두 젊은이의 대화였다. 거기에 소세키의 '만감'이 농축되어 있지 않을 리 없다.

'앞으로 우리는 어떻게 어른이 되는 걸까?'

이런 질문을 해놓고 나서 소세키는 스스로 단호하게 대답해 보였다.

'알 게 뭐야. 그런 시시한 걸. 나아가지 않으면 다시 할 뿐이지.'

소세키가 대학교수를 그만두고 신문소설가가 된 이유는 확실하다.

소세키는 '계몽'가의 책무를 몸소 느꼈던 것이다. 메이지의 젊은이에게 '앞으로 어떻게 어른이 될 것인가'의 지침을 내려주어야 한다는 강한 사명감에 사로잡힌 것이다.

1907년의 일본에서 그 질문에 단호하게 대답할 수 있는 사람은 한 사람도 없었다. 그렇다면 내가 쓸 수밖에 없다. 나츠메 소세키는 이렇게 생각했다.

그것에 대답할 수 있을 만큼 소세키는 어른이었다. 왜냐하면 나츠메 소세키는 '아무도 어른이 되는 방법을 가르쳐주지 않는다면 내가 가르쳐주지'라고 결단했기 때문이다.

어른이라는 것은 풍부한 경험과도, 높은 식견과도, 마음 됨됨이와도 관계가 없다. 자기 자신이 '어른이 되지 않으면 안 된다'는 당위를 받아들이는 것에 의해서만 사람은 어른이 되는 것이다. 그러므로 '아무도 안 한다면 내가 한다'고 결단한 순간 나츠메 소세키는 단숨에 '근대 일본 최초의 어른'이 되었던 것이다(아, 이러면 안 되는데. 갑자기 결론을 말하고 말았다.)

2

우리 시대에는 이제 메이지 시대의 나츠메 소세키나 모리 오가이 같은 유형의 지식인이 존재하지 않는다. 그러므로 소세키의 '책무' 감각을 상상적으로 추체험하는 것은 어렵다. 그것은 소세키가 계획한 '시대정신 자체를 토대부터 만들어내는' 일이 거의 불가능한 시대, 그보다는 이제 그런 일을 누구도 떠맡을 수 없는 시대에 우리가 살고 있기 때문이다.

지금 메이지라는 시대를 돌이켜 보면 견고한 '메이지적 에토스' 같은 것으로 가득 차 있는 것으로 비친다. 하지만 세키카와 나츠오關川夏央가 가르쳐준 것처럼 사실 메이지 시대는 제도적으로도, 문화적으로도 모든 것이 무정형인 일종의 '성운星雲 상태'에 있었다.

그런 메이지 시대가 결정적으로 결여하고 있었던 것은 '근대적 일본인'의 롤 모델이다.

왜 결여하고 있었는가. 메이지 사람들이 메이지 시대 이전의 것을 통째로 '구폐'라며 버렸기 때문이다. 메이지 시대는 연장자의 세대를 거의 생매장했다. 그러므로 메이지 시대의 청년들에게 자기 조형의 모델이 될 만한 롤 모델이 있을 리 없었던 것이다.

확실히 메이지 유신을 완수한 영웅적인 인물은 존재한다. 하지만 사이고 타카모리나 가츠 카이슈, 요시다 쇼인, 사카모토 료마는 난세를 달려가게 하기 위해 역사가 준비한 신화적인 트릭스터였지 태평무사한 치세에서 '보통 젊은이'의 롤 모델이 되지 못한다. 그러므로 메이지 지식인은 근대 일본의 국민상을 '처음부터 다시 조형한다'는 굉장히 추상적인 일에 직면해 있었던 것이다.

3

메이지 사람들은 우선 발밑에 휘감기는 눈에 거슬리는 에도 시대로부터 인연을 끊지 않으면 안 되었다. 구시대와 인연을 끊지 않으면 신시대는 시작되지 않는다. 과거와 인연을 싹 끊기 위해 메이지 사람들은 일단 하나의 '이야기'를 마련했다.

'유신'이라는 이야기다.

메이지 사람들은 어떤 결정적인 '단절선'을 설정하고 '그 이전'이 전근대, '그 이후'가 근대, 어떤 날을 경계로 제도도, 시대정신도 싹 바뀌었다는 '이야기'를 채택했다.

그 상상적인 단절선은 훌륭한 효과를 발휘했다. 그리고 그 이후에도 일본인의 역사 인식을 결정적으로 결박하여 오늘에 이르렀다.

예컨대 우리는 '시대극'과 '야쿠자 영화'를 다른 장르로 묶고도 이상하게 여기지 않는다.

메이지 유신 이전을 무대로 사람들이 칼싸움을 하면 그것은 '시대극'이라 불린다. 메이지 유신 이후의 사람이 칼을 휘두르면 그것은 '야쿠자 영화'다.

그런데 잘 생각해보면 이는 기묘한 일이다. 함부로 칼을 휘둘러 문제를 해결하려는 유형의 게이오 3년(1867)과 메이지 원년(1868) 사람에게 가치관이나 신체 기법의 두드러진 차이가 있을 리 없기 때문이다. 그런데도 거기에는 '넘어설 수 없는 선'이 있다고 우리가 믿고 있는 것은, 메이지 때 마련된 '단절의 이야기'가 현대에 이르기까지 무비판적으로 계승되고 있기 때문이다.

'메이지 유신'이라는 것은 사람들이 멋대로 만든 '단절의 이야기'다(그러므로 나중의 강좌파와 노농파 사이에서 벌어진 메이지 유신의 성격 규정을 둘러싼 논쟁*에서도 결말이 나지 않았던 것이다. 역사적인 자료로 메이지 유신의 성격을 규정하는 것은 무리다. 왜냐

* 1930년대에 일본 마르크스주의자들 사이, 즉 강좌파와 노농파 학자들 사이에 일본 자본주의에 관한 논쟁이 있었다. 강좌파가 볼 때 메이지 유신은 부르주아 혁명이 아니라 봉건적 토지 소유의 단순한 재편성 과정에 지나지 않는다. 그 결과 농촌에는 봉건적 내지 반봉건적인 토지 소유나 농노제가 존속하고 있고, 게다가 절대주의적인 천황제가 존재한다. 그것들이 일본의 자본주의 발전을 계속 속박하고 있다. 그에 반해 노농파가 볼 때 메이지유신은 부르주아 혁명이고, 따라서 그 이후 일본사회는 자본제 시장경제의 원리에 의해 규제되었다. 따라서 현재 존재하는 봉건적 관계들은 조만간 소멸될 것이라고 주장한다.(가라타니 고진의 『역사와 반복』 참조)

하면 메이지 유신은 국민적 합의하에 형성된 '꾸며낸 이야기'니까.)

어느 날을 경계로 정치 체제가 혁명되고 무사 계급과 그 에토스가 소멸되어 아시아적 정체로부터 이륙이 시작됨으로써 서구 근대화를 향해 매진했다. 그리고 그와 동시에 에도 시대까지의 '전근대인'과는 다른 사고 방법, 다른 가치관, 다른 미의식을 지닌 '근대인'이 탄생했다는 '이야기'에 우리는 쭈욱 친숙했다. 하지만 그것은 사실과는 다르다. 『덴포 수호전天保水滸伝』의 이오카노 스케고로飯岡助五郎와 사사가와노 시게조笹川繁藏가 싸울 때 그 자리에 가담했던 야쿠자가 장수하여, 히라테 미키平手造酒가 죽는 모습, 그리고 앉아 있다가 재빨리 칼을 뽑아 적을 베는 검술의 달인인 맹인 '자토이치座頭市'의 엄청난 기량에 대한 시모자와 칸子母澤寬의 취재에 답했던 것은 쇼와의 성대聖代가 되고 나서의 일이다. '그것'은 쇼와 시대에 태어난 사람의 눈으로 봐도 '바로 얼마 전의 사건'인 것이다. 아주 오래 전의 사건이라고 생각한 것은 우리가 그렇게 믿고 있는 것에 불과하다.

연표를 보면 알 수 있겠지만 와이엇 어프Wyatt Berry Stapp Earp(1848~1929)*와 시미즈노 지로초清水次郎長(1820~1893),** 토머스 에디슨은 동시대인이다. 지로초는 1893년(메이지 26)

* 미국의 전설적인 서부 개척자. O.K. 목장 결투의 당사자였다.

** 메이지 시대의 협객.

에 사망했다. 어프는 상당히 장수하여 제1차 세계대전이나 러시아 혁명, 대공황을 경험하고 1929년에 죽었다. 에디슨은 그 2년 후에 세상을 떠났다.

우리의 감각으로는 『도카이 유협전東海遊侠伝』의 지로초는 (상투에다 긴 요도를 찬 도박꾼이니까) '옛날 사람'이고 에디슨만이 (발명가에 사업가니까) 현대인이다.

하지만 그것은 우리가 '근대와 전근대의 단절선'을 멋대로 설정하여 역사를 회고하고 있기에 일어나는 착각이다.

〈도망자〉에서 토미 리 존스가 "미국 연방보안관US Marshals입니다"라고 자기소개 하는 걸 듣고 나는 깜짝 놀랐다. 예를 들어 그것은 후지타 마코토나 오다 유지가 형사 드라마에서 "실례합니다, 저는 미나미마치부교南町奉行*의 요리키与力**인데 좀 물어봐도 되겠습니까?"라고 말하는 걸 들은 것과 같은 위화감을 느꼈기 때문이다.

아, 그런가. 미국에는 '메이지 유신'이 없었구나, 하는 것을 나는 그때 깨달았다. 그때까지 나는, 19세기 말엽에 미국에서도 '근대화'의 패러다임 시프트가 있어서 (상투가 짧은 머리로 변한 것처럼) '보안관'이 '형사'로 변했을 거라고 멋대로 믿고

---

* 에도 막부의 관직명. 기타마치부교北町奉行와 한 달씩 교대로 시중의 민정 전반을 담당했다.

** 부교奉行 등에 소속된 하급관리인 도신同心을 지휘하던 관리.

있었던 것이다.

물론 미국에는 그런 게 없다. 19세기는 20세기와 찰떡같이 이어져 있었던 것이다. 그러므로 말을 타고 다니던 연방보안관은 별 모양의 배지를 달고 "저게 더 편하겠다" 하며 자동차로 갈아탄다. 리처드 킴블(해리슨 포드)을 추적하는 제라드 보안관(토미 리 존스)과 미국 서부시대의 전설적 총잡이 빌리 더 키드 Billy the Kid를 추적하는 팻 개럿Pat Garrett 보안관 사이에는 수사의 기법 면에서 다소 진보가 있었을 뿐 사회적 기능에서는 달라진 게 없었던 것이다.

그에 비해 시미즈노 지로초는 메이지 유신 이후에도 협객으로서 활약했을 텐데도, 내가 아는 한 '메이지 유신 이후 상투를 자른 지로초'가 활약하는 모습을 그린 '야쿠자 영화'는 존재하지 않는다. 메이지 이후 지로초 두목의 모험적인 나날은 일본인의 은밀한 동의에 기초하여 구조적으로 기억에서 배제되었기 때문이다(메이지 시대에 에도의 '유물'이 풍부하게 혼재했음을 이야기 수준에서 생생하게 그려낸 것은 아마도 소설가 야마다 후타로가 효시일 것이다).

막말과 메이지라는 두 시대에 걸쳐 '존재한' 것을 위화감 없이 인지하는 사람은 극히 소수다. '메이지의 원훈'이라는 사람들(사이고 타카모리, 오쿠보 토시미치, 기도 타카요시 등)에게 공통된 속성은 '두 시대에 걸쳐 역사의 정식 무대에 있었다'는 것이지만 그것을 역으로 말하면 그것'만'으로도 정치적 공적으로 헤아려질 정도로 '두 시대에 걸쳐 존재하는 것'은 어려운 일이었던 것이다. 메이지 사람들은 과거와의 사이에 그렇게나 깊은 크레바스를 팠던 것이다.

소세키 주위에도 현실적으로는 에도 시대의 냄새를 풍겼던 '덴포의 노인'*이 물리적으로는 존재했다. 하지만 그들은 시야에서 배제되지 않으면 안 되었다. 그것에 대해서는 국민적 동의가 형성되어 있었다. 그 단절의 감각은 '어떻게 해서든 구시대와 인연을 끊어야 한다'는 절실한 요청을 받아 일본인의 신체에 박혀 있었던 것이다.

메이지 사람들은 자신의 부모 세대를 산 채로 매장했다.

그러므로 그들은 '무에서의 창조'로서 '어른'의 롤 모델을 조형할 수밖에 없었던 것이고 나츠메 소세키는 바로 그 어려운 임무를 자신의 사명이라고 생각했던 것이다.

---

* 도쿠토미 소호德富蘇峰는 『메이지의 청년明治の青年』이라는 책에서 "지금의 시대를 덴포(에도 시대)의 노인이 이끌고 있지만 메이지의 청년은 그런 노인에게 이끌려서는 안 된다"라고 말했다.

4

소세키의 『우미인초』에는 세 청년이 등장한다.

오노 세이조, 고노 긴고, 무네치카 하지메다. 세 사람 다 도쿄제국대학 출신의 수재이지만 성적에는 다소 차이가 있다.

오노가 제일 수재로, 천황으로부터 은시계를 하사받은 젊은 문학 연구자다. 다만 오노에게는 재산이 없다. 할 수 있다면 은시계를 밑천으로 부르주아 가정에 데릴사위로 들어가 걱정 없이 지내며 시작詩作에 힘쓰고 싶다는 다소 뻔뻔한 생각을 하고 있다.

고노는 명가의 적자로 서재에서 철학적 명상에 빠져 있지만, 그다지 사회적 유용성이 없는 빈정대기 좋아하는 사람이다. 그의 누이인 후지오는 대단한 미인으로 오노를 마음대로 농락하며 즐기고 있다.

오노와 고노는 각자 문학자와 철학자이기 때문에 여러 가지로 어려운 것을 생각하고 있다.

이 두 사람이 메이지 시대의 '내면을 지닌 청년'들의 전형이다.

오노는 어렵고 고답적인 사색에만 전념하고 싶지만 애석하게도 준비된 돈이 없기 때문에 그것을 할 수 없다. 그러므로 어떻게 하면 "세상살이를 잊고 고답적 사변에 탐닉할 수 있는 처지가 될 수 있을까" 하는 세속적인 냄새가 풀풀 풍기는 궁리가 평소 뇌리를 떠나지 않는다.

한편 고노는 부잣집 도련님이라 어려운 것만을 생각하고 있으면 된다(오노가 보기에는 부러운 신세다). 그러나 고노의 '어려운 것'은 현실 세계와 거의 접점이 없는 막연한 사변에 지나지 않는다.

반성하는 이 두 청년의 '내면'은, 한편은 현실에 너무 더러워져 속되고 또 한편은 현실에서 너무 멀어 공소하다.

오노에게는 학창 시절에 신세를 진 고도 선생이라는 은사가 있다. 스승은 자신의 딸 사요코를 오노의 색시로 삼으려고 기대하고 있다. 그러나 고도 선생은 상실된 전근대의 꼬리를 물고 있는 '산 채로 매장된' 나이 많은 세대이고, 오노는 '자신이 죽었다는 것을 깨닫지 못하고 있는 이 아버지'에게 '당신은 이미 죽었어요'라고 알리는 것이 메이지의 청년으로서 마음에 부담스러운 의무라고 여기고 있다.

'죽은 아버지에 대한 사망 선고'는 동시에 '아내 후보'를 사요코에서 후지오로, 즉 전근대의 '자기 결정을 할 수 없는 여자'에게서 근대의 '자기 결정을 하는 여자'로 바꾸는 것과 가난뱅이 서생에서 부르주아로 계급으로의 상승도 의미했다.

소설가로서 소세키의 붓이 예민해지는 것은 오노의 이런 내면의 갈등을 그릴 때다. 상투적인 표현으로 말하자면 그것은 전근대와 근대, 과거와 미래, 이상과 타산적 태도로 분열된 메이지 청년의 생생한 고뇌다.

오노도 마찬가지다. 내버려둔 과거는 꿈의 티끌을 이리저리 헤치고 역사의 쓰레기통에서 머리를 꺼낸다. 이런, 하는 사이에 벌떡 일어나 걸어온다. 방치해두었을 때 숨통을 끊어버리지 않은 것이 원통하지만, 양해도 없이 스스로 숨을 되돌렸으므로 어쩔 수 없다. 선 채로 말라 죽은 가을 풀이 변덕스러운 날씨에 착각하여 따사로운 아지랑이가 어른거리는 가운데 되살아나는 것은 비참하다. 되살아난 것을 때려죽이는 것은 시인의 풍류에 반한다. 따라오는데 친절하게 돌보지 않으면 도리가 아니다. 태어나서 도리에 어긋난 일은 한 번도 한 적이 없다. 앞으로도 할 생각이 없다.

오노가 진정한 입신출세주의자라면 철 지난 전근대의 소생인 고도 선생 부녀를 도회의 풍진 속에 내버려두고 가는 것은 손쉬운 일이다. 그러나 그것이 '송구한 일'이라는 설명할 수 없는 직관이 오노의 결단을 약화시킨다.

무엇을 기준으로 '송구한 일'일까.

오노는 잘 알 수가 없다. 그러나 그것이 '송구한 일'인 증거로 몸이 말을 듣지 않는다. 그 몸의 오래된 층에 오노의 결단을 제지하는 '뭔가'가 뿌리박혀 있다. 그 '뭔가'를 지칭하는 말을, 말의 전문가일 터인 시인 오노도 지금은 갖고 있지 않다.

그러므로 오노는 번민한다. 그런데 사요코를 아내로 맞을 생각이 없다고 고도 선생에게 어떻게 전할 것인가.

그것이 왠지 모르게 괴롭다. 앞으로 선생님 댁에 가면 아마 이중의 거짓말을 하지 않으면 안 되는 이야기를 해올 것이다. 타개할 방법은 얼마든지 있지만, 사정없이 몰아붙이면 무정하게 거절할 용기는 없다. 좀 더 냉혹한 사람으로 태어났다면 별로 힘들지도 않을 것이다. 법률상의 문제가 되는 고약한 일을 하지 않았다고 생각하기 때문에 단호하게 거절해버리면 그뿐이다. 그러나 그렇게 해서는 은인에게 죄송하다. 은인이 강요하기 전에, 자신의 거짓말이 발각되기 전에 자연이 빨리 회전하여 자신과 후지오가 공공연하게 결혼할 수 있도록 일을 진행시키지 않으면 안 된다. (……) 다만 위기일발인 상황에서 번민한다. 어떻게 할 수도 없는 마음에 조급해진다. 나아가는 것이 두렵다. 물러나는 것이 싫다. 빨리 사건이 전개된다면, 하고 바라면서도 전개되는 것이 불안하다.

이야기는 앞으로 나아갈 수도, 뒤로 물러설 수도 없는 미적지근한 오노의 연애 사건을 한쪽 축으로 하여 진행된다. 이야기에는 또 한 사람의 '내면이 있는 청년' 고노와 의붓어머니와의 갈등도 배치되어 있지만 이는 그다지 재미있지 않다. 고노의 내면이 너무나도 자기 완결되어 있는 탓에 이 갈등은 드라마로서 전혀 고조되지 않기 때문이다.

고노는 집안의 재산을 누이인 후지오에게 양보하고 무일푼으로 집을 나갈 거라고 말한다.

입으로는 몇 번이나 그렇게 선언하면서도 좀처럼 실행에 옮기지 않고 미적지근 질질 끌고만 있다. 의붓어머니는 '상대방이 이러지도 저러지도 못하게 결말을 짓지 않고 내버려두는' 그 방식 때문에 고노를 미워하기 시작한다. 그것도 지당하다.

그토록 우유부단하던 고노도 이야기가 거의 막판에 이르러 무네치카에게 힐문을 당하자 드디어 속마음을 털어놓는다.

> "어머니는 가짜네. 자네들이 모두 어머니한테 속고 있는 거지. 어머니가 아니라 수수께끼야. (……) 내가 어머니보다 위네. 현명하지. 도리도 알고 있고. 그래서 내가 어머니보다 선인善人이네."

초등학생도 아니고, 실컷 주위 사람들의 속을 태워놓고 난 후의 평가가 이것이다. 다소 맥이 빠진다.

고노는, 인간에게는 '내면'이라는 게 있고 그것이 인간의 가치를 결정하는 최종 심급이라고 생각하고 있다. 고노는 내면적으로 자신이 고결하고 현명하며 선량하다고 확신하고 있다.

그러나 자신의 내면을 아는 것처럼 다른 사람의 내면은 알 수 없다.

그래서 일단 표면에 드러난 언동에서 그 '내면'을 짐작할 수밖에 없지만 고노가 '이 작자의 내면은 ＊＊＊다'라고 믿고 있는 사정과 당사자의 실제 언동 사이에는 공공연한 모순이 있다. 그러면 고노는 난처해지고 만다.

그럴 때 고노의 계산은 실로 기묘하다.

"어머니가 나한테 집에서 나가지 말라고 하는 것은 나가달라는 의미네. 재산을 가지라는 것은 넘기라는 의미지. 보살핌을 받고 싶다는 것은 그게 싫다는 뜻이네. ……그래서 나는 표면적으로 어머니의 뜻을 거역하지만 내실은 어머니의 바람대로 해주고 있는 걸세."

이런 기괴한 논리는 물론 세상에 통하지 않는다. 하지만 통하지 않는 그런 논리를 구사할 수밖에 없는 것은 결국 고노가 인간의 궁극적인 자리매김으로서 '내면'이라는 눈에 보이지 않는 것을 상정하는 데 기인하는 것이다.

5

문학사가 가르쳐주는 바로는, '내면'은 메이지 문학의 수입품이고 그 이전에 일본인은 '내면' 같은 개념을 갖고 있지 않았다.

물론 그 이전에도 '마음'이라는 것은 있었다.

그러나 그것은 기억이나 가치 판단이나 감정의 '작용'을 말한다. '마음'은 흔들리거나 아프거나 설레거나 '하는 것'이지 '마음' 그 자체가 '마음'으로서 단독의 기술 대상으로 다뤄지는 일은 없었다.

가령 '마음'이 문학적인 장치 안에 기술된 경우여도 그것은 주지의 정해진 틀로 분류되기 위해서지, 일찍이 어떤 텍스트도 기술할 수 없었던 '전대미문, 100퍼센트 독특한 마음의 움직임'을 그리는 것은 문학의 야심 속에만 존재했던 것이다.

다카하시 겐이치로高橋源一郎는 그 전형을, 예컨대 마츠오 바쇼의 기행문에서 찾았다.

아카시明石 포구에서 밤에 묵다.

"문어 잡는 항아리여, 덧없는 꿈을 꾸는 여름밤의 달蛸壺やはかなき夢を夏の月"

"이곳의 가을이었도다"라고 했던가. 이곳 포구는 정말 가을이 으뜸이라고 해야 한다. 슬픔과 쓸쓸함은 이루 말할 수 없고. 가을이라면 다소 마음 한구석을 노래할 만한 것이라고 생각하지만, 이는 내 마음속의 졸렬함을 모르는 것과 비슷한 일이다. 아와지시마淡路島가 손에 잡힐 듯하고 스마, 아카시 해안이 좌우로 나뉜다. 오나라와 초나라 동남쪽의 풍경도 이런 곳이었을까. 세상을 많이 아는 사람이 본다면 이런저런 곳과도 견줘봤을 것이다. 또한 뒤쪽에는 산 하나를 사이에 두고 다이라노하타田井の畑라는 곳이 있는데 마츠카제, 무라사메 자매*의 고향이라고 한다. 오노

---

* 헤이안 시대 스마에 살았다는 전설상의 자매로 아리와라노 유키히라在原行平(818~893)의 사랑을 받았다고 한다.

에에 이어 단바로 가는 길도 있다. 하치부세 노조키,* 사카 오토시** 등 무서운 이름만 남아 있는데, 가네카케마츠鐘懸松***에서 내려다보니 이치노타니一ノ谷 전투 중에 천황의 거처였던 곳이 눈 아내로 내려다보인다. 그 시절의 혼란, 그때의 소동이 남김없이 마음에 떠오르고……

다카하시는 근세의 대표적인 이 기행문의 특징을 한마디로 "자연을 그리고 있는데도 자연은 적을 것이다"라고 말한다.

바쇼라는 사람은 걷는 시인이었다. (……) 그러므로 이 사람이 쓴 것은 전부 기행문이다. 그러나 이 짧은 글 안에 『겐지 이야기』, 『헤이케 이야기』, 요곡謠曲 〈마츠카제〉, 두보杜甫의 「악양루에 올라」에서의 직간접적인 인용이 있다. 간단히 말하면 타인이 쓴 풍경을 떠올리며 그 풍경과 현실의 풍경을 비교하며 즐겁게 말하고 있는 것이다.

---

* 鉢伏のぞき. 데츠카이가미네 봉우리에서 하치부세야마鉢伏山를 감시하던 곳으로 겐페이源平 전투가 격렬했던 곳이다. 겐페이 전투는 헤이안 시대(794~1185) 말기 겐지源氏 가문과 헤이시平氏 가문을 중심으로 벌어진 전쟁을 일반적으로 지칭하는 용어로 이 전쟁에서 겐지 가문이 승리해 귀족 정치가 퇴조하고 무사 중심의 막부 정치가 일본사에 처음으로 등장했다.

** 逆落. 이치노타니 쪽으로 내려가는 험한 비탈길로 겐페이 전투가 격렬했던 곳이다.

*** 겐페이 전투 때 미나모토노 요시츠네가 진영의 종을 걸었다는 소나무다.

다카하시가 지적하는 대로 바쇼가 아카시의 가을 경치를 접했을 때 '마음'의 내용물은 통째로 '이미 있는 시문'의 콜라주다. 여기서 바쇼는 '오리지널한 것'을 거의 고려하지 않았다.

"세상을 많이 아는 사람이 본다면 이런저런 곳과도 견줘봤을 것이다"라고 한 대로, 인용 데이터가 풍부한 사람은 같은 풍경을 봐도 '오오, 이 풍경은 이것과 비슷해, 그것과 닮았어' 하며 장황하게 인용을 계속할 것이다. 바로 '마음'이란 이런 '인용의 직물'일 수밖에 없고, 마음이 느끼는 '슬픔과 쓸쓸함'이 정형적일수록, 손때가 묻을 만큼 숙지하고 있는 사람일수록 독자에게는 문학적으로 훌륭한 것이었다.

이것이 '프리 모던'의 '마음'이다.

이에 비해 근대의 '내면'은 '나만의, 내게 고유한 미세한 감정과 사고의 운동'이다.

메이지 31년(1898) 구니키다 돗포가 「무사시노武藏野」에서 일본 근대문학 처음으로 '내면'을 도입했다고 하는데 그것은 풍경을 바라볼 때의 주된 지적 에너지를, 고전의 인용을 줄줄 늘어놓고 "이런저런 곳과도 견줘"보는 것으로 돌리는 대신 그 풍경을 바라볼 때의 자기 심리의 미세하고 독특한 움직임을 기술하는 것으로 향했다는 것을 의미한다.

돗포로부터 10년, 메이지 40(1907)년의 지적 엘리트들은 이미 '내면'을 확실히 자기 것으로 하고 있었다.

6

오노의 내면은 근대와 전근대 사이의 불화를 보여주는 좋은 무대다. 오노 한 개인 안에서 시대 조류의 드라마가 그대로 재연되고 있다. 오노의 사례는 '내면'이라는 것을 상정하면 바깥 사회의 실상을 전하는 데 무척 편리하다는 것을 증명하고 있다.

고노의 내면은 오노의 경우 같은 사회적 갈등의 반영이 아니다. '내면을 갖는 것'은 고노가 사는 '원리' 그 자체다. 현세에서 밀어닥치는 속악한 것을 물리치고 신성불가침한 '내면'을 지고지순한 것으로 계속 갖고 있는 것이 고노의 생활 방식 그 자체인 것이다.

아름다운 사고방식이다.

하지만 그런 속세를 벗어난 사상은 부모로부터 물려받은 재산을 절제 없이 거덜내는 고등유민高等遊民*의 두뇌에만 떠오르는 것이 아닐까, 하는 회의가 고노의 뇌리에는 생기지 않는다. 그러므로 결국 고노는 무네치카의 후의를 받아들여 놀고먹는

* 메이지 시대에서 쇼와 초기에 걸쳐 많이 쓰인 말로, 대학 등의 고등교육기관에서 교육을 받고 졸업했으면서도 경제적으로 부자유하지 않기 때문에 관리나 회사원 등이 되어 노동에 종사하지 않고 독서 등으로 소일하면서 지내는 사람을 말한다.

유민의 돈줄을, 돌아가신 아버지에게서 활수한 기질의 친구로 옮겼을 뿐이다.

고노의 사례는, 청년이 '내면'을 생활의 주된 장으로 삼고 있으면 현실 생활에 대한 적응력이 퇴화한다는 것을 증명한다.

그런데 세 청년 중 '내면이 있는' 두 사람은 이렇게 이야기의 수준에서 '불능'의 각인이 찍힌다. 남은 사람은 무네치카다.

무네치카에게는 내면이 없다.

그리고 이 소설의 진짜 주인공은 '내면이 없는' 무네치카다. 소세키는 마음씨 곱고 행동력이 발군인 이 바보 청년에게 근대 일본 '청년의 이상적인 모습'을 떠맡긴 것이다.

『우미인초』의 첫머리에서 고노와 무네치카가 나눴던 대화를 떠올려보자.

> "그런데 정상까지는 얼마나 되지?"
>
> "정상까지는 6킬로미터네."
>
> "어디서부터?"
>
> "어디서부턴지 알 게 뭐야, 고작해야 교토의 산이라고."

질문하는 사람은 물론 고노다. 무뚝뚝하게 뻔뻔한 대답을 하는 사람은 무네치카다. 고노는 자신의 위치를 알고 싶어 한다. 자신이 어떤 사람인가를 '아는 것'이 고노의 중요한 지적 과제이고, 자신이 무엇을 '하는'가에는 부차적인 관심밖에 보이지 않는다.

그러므로 지체 없이 무네치카는 냉엄한 코멘트를 한다.

"자네처럼 계획만 세우고 전혀 실행에 옮기지 않는 사람하고 여행하면 아무것도 못 보게 되네. 동행하는 사람한텐 정말 달갑잖은 일이지."

"계획만 세우고 전혀 실행에 옮기지 않는 사람"이 바로 고노다. 고노는 무네치카가 행동하기 전에 사전 조사를 충분히 하지 않았다고 힐난한다.

"자네처럼 무턱대고 뛰쳐나가도 상대는 난처하다네. 무엇보다 사람을 데리고 왔으면서 어디로 올라가서 어디를 구경하고 어디로 내려가야 할지 어림도 잡지 못하고 있지 않은가?"

"뭐, 이까짓 일에 계획 같은 게 필요하다고 그러나? 기껏해야 저 산 아닌가?"

"저 산이어도 좋네만, 저 산 높이가 얼마나 되는지는 알고 있나?"

"그걸 어떻게 알겠나? 그런 시시한 걸, 그러는 자네는 알고 있나?"

"나도 모르네."

"거 보게나."

"그렇게 으스댈 거 없네. 자네도 모르니까. 산 높이는 둘 다 모른다고 해도, 산 위에서 뭘 구경하고 얼마나 걸릴지 정도는 다소나마 확인하고 오지 않으면, 일정이 예정대로 진행되지 않는다네."

"일정대로 진행되지 않으면 다시 하면 될 거 아닌가. 자네처럼 쓸데없는 생각을 하는 사이에 몇 번이고 다시 할 수 있다네."

이 대화에는 소세키가 『우미인초』에서 말하려고 했던 중요한 것의 상당 부분이 이미 쓰여 있다.

고노는 행동을 하기 전에 '일정'을 짜야 한다고 주장한다.

무네치카는 일정을 짤 여유가 있다면 몇 번이라도 다양한 행동을 할 수 있다고 반론한다.

여기에는 말 이상의 결정적인 차이가 있다.

'일정을 짠다'는 것은 현재 '나'의 가치 판단이나 추리 능력을 고정적인 프레임워크로서 그것을 미래에 적용하는 일이다.

'일정'이라는 것은 미지의 것, 예측 불가능한 것, 프레임워크를 일탈하는 것을 '상정하지 않는' 것에 의해 성립한다.

'내일 3시에 산노미야역에서 봐'라고 약속하는 연인들은 오늘 밤중에 고질라가 고베에 상륙하거나 화산 활동으로 롯코산이 붕괴할 가능성을 배제하고 있다. 배제하지 않으면 일정 같은 건 짤 수 없다.

무네치카는 '알 게 뭐야', '어떻게 알겠나?'를 되풀이한다. 자기 앞에 어떤 미래가 열려 있는지, 어떤 예측할 수 없는 사태가 기다리고 있는지, '알 게 뭐야' 하고 무네치카는 말한다.

그것은 단지 '미래는 예측 불가능하다'는 사실 인지를 말하는 것이 아니다. '미래는 예측 불가능하다'는 것을 이해해두는 것이 '예측할 수 없는' 사태를 만났을 때 살아남을 기회가 많다는 수행적 진리도 말하고 있는 것이다.

앞으로 무슨 일이 일어날지 모른다. 모르는 일이 일어났을 때 '나'가 어떻게 대응할지 지금 말할 수 있을 리 없다. 그렇다면 '나'는 되도록 고정화하지 않고 미래를 향해 반쯤 열어두는 것이 좋다. 그리고 '미래를 향해 반쯤 열려 있는 것'으로서 '지금의 나'를 되도록 느슨하게 정의해두는 것이 좋다. 무네치카는 아마 이런 식으로 생각할 것이다.

'개방된 나', 그것은 '내면이 없는 나'다. 왜냐하면 반쯤 열려 있으니 '내면' 같은 건 처음부터 제멋대로 새기 때문이다.

무네치카의 '내면이 없는 것'은 그처럼 역동적인 방식으로 구조화되어 있다.

메이지 40년(1907)에 근대화의 압도적인 도태 압력을 견디고 있는 일본의 청년에게 미래를 향해 열린계 같은 '틀'을 드러내면 그것은 '내면을 갖지 않은 청년'일 수밖에 없다. 소세키는 문학자의 직관으로서 그렇게 봤던 것이다.

무네치카는 몇 가지 점에서 '내면을 가진' 두 청년과 다른 모습을 보이고 있다.

하나는 '아버지'에 대한 친밀감이고, 또 하나는 '여성'에 대한 개방성이다.

이는 무네치카가 멋진 아버지와 누이를 갖고 있는 것에서 기인한다.

무네치카의 아버지는 '덴포 노인'의 한 전형이다. 하지만 메이지 40년의 일본에는 이제 무네치카 노인을 위한 장소는 없다. 하지만 고도 선생이나 고노의 의붓어머니인 '수수께끼 여자'와 달리 무네치카 노인은 자신의 역사적 사명이 끝났다는 것을 깨끗이 받아들이고 있다. 그것이 노인을 쾌활한 존재로 만들고 있다. 노인을 그리는 소세키의 필치는 노골적이고 호의적이다. 다만 이 '덴포 노인'이, 청년들이 '늙어가기 위한' 롤 모델로서 기능하기까지는 좀 더 많은 시간이 필요할 것이다.

무네치카는 누이 이토코에 대해서도 깊은 애정과 경의를 표하고 있다. 여성적인 것에 대한 이 비성非性적인 친밀함은 일단 자연주의 문학에서는 볼 수 없는 것이다. 오누이의 이 대화는 『우미인초』에서 가장 소세키의 필치가 활달한 부분이고, 소세키가 그것을 쓰면서 즐기고 있다는 것이 독자에게도 전해진다.

"오라버니가 조만간 외국에 가게 되면 너한테 뭔가 사서 보내줄게."

"이번 시험 결과는 아직 모르는 거예요?"

"곧 발표하겠지."

"이번에는 반드시 합격해야 해요."

"어? 응. 아하하하. 뭐 상관없어."

"상관있어요. 후지오 씨는 학문적 능력이 있고 신용할 수 있는 사람을 좋아하니까요."

"오라버니는 학문적 능력도 없고 신용도 없는 건가?"

"그렇진 않아요. 그렇지 않지만, 예를 들자면 오노 씨라는 분이 있잖아요."

"음."

"성적이 우수해서 은시계를 받았다고 하잖아요. 지금은 박사논문을 쓰고 있다고 하고요. 후지오 씨는 그런 분을 좋아한단 말이에요."

"그래? 이런."

"뭐가 이런이에요? 그래도 그건 명예예요."

"이 오라버니는 은시계도 못 받지, 박사논문도 쓸 수 없지, 게다가 시험에는 떨어지지, 정말 불명예의 극치로군."

"어머, 아무도 불명예라고는 하지 않았어요. 다만 너무 태평한 거죠."

"너무 태평하지."

"호호호호, 정말 이상해요. 어쩐지 전혀 마음에 걸리지 않는 모양이죠?"

"이토코, 오라버니는 학문적 능력도 없고 시험에도 떨어지지만, 뭐 그만두자, 아무래도 상관없으니까. 어쨌든 넌 오라버니를 좋은 오라버니라고 생각하지 않니?"

"그야 그렇게 생각해요."

"오노하고 누가 더 좋지?"

"그야 오라버니가 더 좋죠?"

"고노하고 비교하면?"

"몰라요."

끝이 없으니 여기서 그만두지만, 거의 고전 만담 같은 무사태평하고 마음이 따뜻해지는 대화다.

전기에 비추어 보면 소세키 자신은 이렇게 태평한 대화를 나눌 수 있는 '누이' 같은 존재를 가진 적이 없다. 어쩌면 나츠메 집안에서 형수와 도련님으로서 도세登世와의 짧은 관계 사이에는 이와 비슷한 대화가 있었을지도 모르지만 우리는 그것을 알 방법이 없다. 알 수 있는 것은 끝없이 이어지는 이 한가한 대화가 소세키에게 어떤 의미에서 더없이 행복한 정경이었다는 사실이다. 그럴 정도로 이 허구의 대화에서 소세키의 필치는 유쾌하고 기쁨에 젖어 있다.

'이토공系公'이라고 부르는 이 누이의 인간적인 직관의 올바름에 대해 무네치카는 드라마의 클라이맥스에서 긴 연설을 한다. 드디어 집을 나가기로 결심한 고노에게 무네치카는 이렇게 말한다.

"우리 집에 오지 않겠나?"

"자네 집에 간들 무슨 수가 있겠나?"

"싫은가?"

"싫지는 않네만 어쩔 도리가 없는 일이네."

무네치카는 가만히 고노를 쳐다본다.

"고노, 부탁이니 우리 집으로 오게. 나나 아버지는 그렇다 치고 이토코糸公를 위해서라도 꼭 와주게."

"이토코 씨를 위해서?"

"이토코는 자네의 지기네. 자네 어머님이나 후지오 씨가 자네를 오해한다고 해도, 내가 자네를 잘못 본다고 해도, 일본의 모든 사람들이 자네를 박해한다고 해도 이토코만은 믿을 만할 걸세. 이토코는 학문도 없고 재능도 없지만 자네의 가치를 잘 알고 있네. 자네의 속을 훤히 꿰뚫고 있지. 이토코는 내 여동생이지만 훌륭한 아이네. 존경할 만한 아이야. 이토코는 돈이 한 푼도 없어도 타락할 염려가 없는 여자지. (……) 이토코는 존경할 만한 여자네. 진실한 여자지. 정직하다네. 자네를 위해서라면 뭐든지 할 걸세.(……)"

'존경할 만한 여자, 진실한 여자', 그것은 『도련님』의 기요와도 통한다.

빨간 셔츠가 호호호호 하고 웃은 것은 나의 단순함 때문일 것이다. 단순함이나 진솔함이 비웃음을 사는 세상이라면 어쩔 도리가 없다. 기요는 이럴 때 절대 웃는 법이 없다. 무척 감동하며 들어 준다. 기요가 빨간 셔츠보다 훨씬 훌륭하다.

나는 기요에게 3엔을 빌렸다. 그 3엔은 5년이 지난 지금까지 갚지 않았다. 갚을 수 없었던 것이 아니라 갚지 않은 것이다. 기요는 조만간 갚겠지 하며 내 주머니 사정을 헤아려보거나 하지 않는다. 나도 곧 갚아야지 하면서 마치 남처럼 의리를 내세우지는 않을 생각이다. 내가 그런 걱정을 하면 할수록 기요의 마음을 의심하는 일이 되어 기요의 아름다운 마음에 먹칠을 하는 것과 같아진다. 돈을 갚지 않는 것은 기요를 무시해서가 아니다. 기요를 나의 일부분으로 생각하기 때문이다.

아마 소세키에게 이토코와 기요는 여성의 한 이상적인 모습일 것이다. 학문도 재주도 없다. 하지만 인간으로서 최고로 좋은 성품인 진솔, 성실, 정직, 청순을 갖고 있다.

외면적인 겉치레는 그것에 비할 것이 못 된다. 학문이나 재주는 역사적인 가치다. 시대가 변하면 한 시대 전의 최신 학문은 헌신짝처럼 버려지고 부귀도 권위도 웅장한 건물도 역사의 풍설 앞에서는 어이없게 깨끗이 사라진다. 시대의 변천에 견디는 유일하게 확실한 것은 인간의 영혼 깊숙이 시원한 표정으로 깃들어 있는 '아름다운 마음'이다.

무네치카는 이를테면 제국대학 출신의 '도련님'이다.

도련님은 마츠야마의 월급 40엔의 수학 교사를 그만둔 후 월급 25엔의 도쿄시가철도주식회사의 기수가 되었지만 무네치카는 순조롭게 시험에 합격하여 외교관이 되었다. 사회적 지위는 다소 다르지만 이 두 사람의 '내면 없는 청년'이야말로 나츠메 소세키가 메이지의 청년에게 문학적 허구를 통해 보여주고자 한 이상의 청년상이었다.

7

『우미인초』의 클라이맥스에서는 드디어 후지오와 빼도 박도 못한 관계가 될 듯싶어져 한창 망설이고 있는 오노 앞에 무네치카가 기세 좋게 등장하여 일장 연설을 한다. 그 연설은 고도 선생에 대해 꺼림칙한 점이 하나도 없을 텐데도 '송구한 일'이라고 생각하지 않을 수 없다는 오노의 '망설임'을 직격한다. 필시 그 '망설임' 안에 오노 자신도 깨닫지 못했던 '진솔함'의 마지막 가능성이 깃들어 있었던 것이다.

> "오노, 난 진지하네. 알겠나? 사람이라면 일 년에 한 번쯤은 진지해지지 않으면 안 되네. 표피만 살아 있으면 상대할 의욕이 안

생기지. 또 상대를 한다고 해도 재미없을 거고. 난 자네를 상대해 줄 생각으로 온 거네. 알았나, 알겠어?"

"음, 알았네."

오노는 얌전히 대답한다.(……)

"자네는 나보다 학문적 능력이 뛰어나네. 머리도 나보다 좋지. 난 자네를 존경하고 있네. 존경하고 있기 때문에 자네를 구하려고 왔네."

"나를 구하려고……"

오노가 얼굴을 들었을 때 무네치카는 바로 코앞에 있다. 얼굴을 들이대듯이 하며 말한다.

"이렇게 위태로울 때 타고난 성격을 뜯어고치지 않으면 평생 불안하게 지내야 하네. 아무리 공부를 해도, 아무리 학자가 된다고 해도 돌이킬 수가 없지. 지금이네 오노, 자네가 진지해져야 할 때는. 세상에는 진지함이 어떤 건지 평생 알지도 못한 채 끝내는 사람도 얼마든지 있다네. 껍데기만으로 살고 있는 사람은 흙으로만 만들어진 인형이나 다를 바 없지. 진지함이 없으면 어쩔 수 없지만, 있는데도 인형이 되는 것은 안타까운 일이네. 진지해지고 나면 기분이 아주 좋아진다네. 자네는 그런 경험이 있나? (……) 내가 자네보다 태연한 것은 학문 때문도 공부 때문도 뭐 때문도 아니네. 때때로 진지해지기 때문이지. 진지해진다기보다는 진지해질 수 있다고 하는 편이 낫겠군. 진지해질 수 있는 것만큼 자신감이 생기는 일은 없다네. 진지해질 수 있는 것만큼 침착해지는 것도 없다네. 진지해질 수 있는 것만큼 정신의 존재를 자각하는 일도 없다네. 천지 앞에 자신이 엄존하고 있다는 관념은 진지해져야 비로소 얻을 수 있는 자각이지. (……) 사실 내 누이도 어제야 진지해졌네. 고노도 어제야 진지해졌고. 나는 어제도, 오늘도 진지하네. 자네도 이번에 한번 진지해져보게. 사람이 진지해지면 그 사람만 목숨을 구하는 게 아니네. 세상이 목숨을 구한다네. 어떤가, 오노, 내가 하는 말 알아듣겠나?"

평소 잠꼬대 같은 말만 하던 무네치카의 이 일생일대의 연설에 오노는 정신이 번쩍 든다. 그리고 솔직히 이렇게 대답한다.

"음, 알아들었네."
"난 진지하네."
"진지하게 알아들었네."
"그럼 됐네."
"고맙네."

(……) 맥없이 고개를 숙이고 있던 오노는 그때 자세를 고쳐 앉는다. 얼굴을 들어 무네치카를 똑바로 쳐다본다. 눈동자는 평소와 달리 단단히 자리 잡아 움직이지 않는다.

"진지한 조치는 가능한 한 빨리 사요코 씨하고 결혼하는 일이네. 사요코 씨를 버리는 건 미안한 일이지. 고도 선생님께도 송구한 일이고. 내가 나빴네."

사태는 무네치카의 한마디와 오노의 번의에 의해 급전직하의 클라이맥스를 맞이한다.

하지만 우리는 무네치카의 이 말을 앞에 두고 다소 당혹감을 금할 수 없다.

무네치카는 그저 '진지, 진지'라는 말을 되풀이할 뿐이고, 그 말을 글자 그대로 읽으면 그다지 중요한 내용이라고도 생각되지 않는다.

그런데도 이 말은 오노를 감동시키고 그의 왜소한 자아의 해체와 재생으로 이끈다.

왜 그런 일이 가능할까.

무네치카가 오노를 때려눕힌 것은 연설의 '내용'에 의해서가 아니다. 오노와 대면했을 때 무네치카의 '자세'에 의해서다. 메시지의 '내용'에 의해서가 아니라 메시지를 보내는 그 '매너'에 의해서다.

무네치카는 오노가 앞으로 밀회하려는 후지오의 공식 약혼자로 의심되는 청년이다. 그가 오노의 하숙집으로 '불쑥 들어'온다. 오노는 설 곳이 없다. 그러자 무네치카는 느닷없이 이런 말을 꺼낸 것이다.

"오노, 자네의 적이 왔다고 생각해서는 안 되네."

"아니, 절대……"

이렇게 말했을 때 오노는 다시 한번 움찔한다.

"나는 빗대어 빈정거리면서 남의 약점이나 이용하는 그런 사람이 아니네. (……) 그런 여유는 약에 쓰려고 해도 없지. 있어도 가풍에 맞지 않고……"

무네치카의 메시지는 단순하다. '나는 자네와 커뮤니케이션을 하려고 하네.' 단지 그뿐이다.

이는 커뮤니케이션의 개시를 알리는 커뮤니케이션이다. 에마뉘엘 레비나스는 그것을 '커뮤니케이션의 커뮤니케이션'이라고 명명했다. 그것은 이미 만들어진 어떤 메시지를 운반하기 위한 것이 아니다. 그 임무는 커뮤니케이션을 기동시켜 '자물쇠를 여는' 일이다.

그것은 '인사'와 비슷하다.

무네치카가 하는 것은 '인사'다. "안녕하세요. 날씨가 좋네요" 하고 말하는 것과 다르지 않다.

인사의 본뜻은 날씨나 상대의 몸 상태에 대해 어떤 사실 인지적 언명을 하는 것이 아니다. 그게 아니라 '오늘 하루가 당신에게 좋은 날이기를' 하는 축복을 보내는 데 있다. 여기서 당신에게 축복을 보내고 당신과의 커뮤니케이션의 장을 가동시키는 것을 바라는 한 사람이 있다. 그 사실을 알리는 것이 인사의 본뜻이다.

무네치카는 '파롤parole의 선물'을 갖고 오노를 찾아간다.

선물의 내용물은 거의 '텅 빈' 것과 같은 것이다. '내 안의 가풍'이나 '진지함'은 아무리 호의적으로 해석하든 내용적으로는 거의 무의미하다. 그러므로 그가 보내는 것은 '오노에 대한 배려'뿐이다.

이와 동형적인 언동은 무네치카 노인에 의해서도 되풀이된다.

무네치카 노인은 고도 선생을 찾아가, 아들이 주선하러 오노를 찾아간 사실을 알리며 이렇게 말한다.

> "오노 군한테도 여러 가지 사정이 있을 테니까, 제 자식 놈 이야기를 들어보고 나서 아무쪼록 아까 말씀드린 대로 해주셨으면 합니다. ……제가 직접 자식 놈에 대해 이러쿵저러쿵 말하는 건 이상하지만, 제 자식 놈은 도리를 아는 아이입니다. 절대 나중에 폐가 될 만한 일은 하지 않을 겁니다. 파혼을 하는 것이 좋겠다고 생각하면 그렇게 권할 겁니다. ……처음 뵙긴 했지만, 부디 저를 믿어주시기 바랍니다."

무네치카 노인의 논법은 오노를 찾아간 무네치카의 논법과 똑같다.

노인이 '어떤 사람인가'에 대해서는 거의 정보를 갖지 않은 고도 선생에게 "부디 저를 믿어주시기 바랍니다"라며 다가가고 무네치카가 어떤 결정을 내리든 그것은 '도리'에 맞는 일이니 무조건 받아들여달라는 것이 노인의 주장이다. 과연 '내 안의 가풍'이라고 하는 만큼 부자가 말하는 투가 똑같다.

노인은 고도 선생 부자에게 전해야 할 조금의 '정보'도 갖지 않고 찾아왔다. 그리고 단지 자신의 존재를 있는 그대로 걸고 자신을 믿을 수 있는지 어떤지를 똑바로 묻는다. 상당히 난폭한 것 같지만 그것이 무네치카가 말하는 '진지함'의 골격이다.

'진지함'이란 똑바로 상대의 얼굴을 마주하는 일이다.

똑바로 상대의 얼굴을 마주하고 '당신이 마음에 걸린다'고 말하는, 단지 그것뿐이다. 무네치카와 그의 일족은 인간으로서 가장 기본적인 '자세'를 '가풍'으로 계승해온 것이다.

인간들의 행위에서 가장 중요한 것은 커뮤니케이션의 '내용'이 아니라 커뮤니케이션을 가동시킬 때의 '예의범절'이다. 그 '예의범절'은 학문과도 재주와도 나이와도 성별과도 관련 없고 '가풍'으로서 습득할 수밖에 없다. '내면이 없는 청년' 무네치카의 인격적 골격을 이루는 것은 이 '가풍', 이 에토스, 이 '틀'인 것이다. 그리고 그것이 '틀'에 지나지 않기 때문에 한순간에 고노도 오노도 그것을 습득하여 자기 것으로 할 수 있었던 것이다.

'내면 있는 청년'들은 타자에게 보낼 것을 갖고 있지 않다.

왜냐하면 그들이 자랑하는 교양이나 지식을 그들은 각고면려 끝에 간신히 손에 넣었기 때문이다. 그것은 그들의 재산이고 (후지오로부터의 성적 관심 같은) 그에 합당한 대가의 제공이 제시되지 않는 한 결코 타인에게 나누어 주어지는 일이 없는 것이기 때문이다. 그들은 많은 것을 손에 넣었지만 그것은 그들을 더욱 이기적으로 만드는 방향으로만 작용했기 때문이다.

그에 비해 '내면 없는 청년'은 선물을 충분히 갖고 있다. 그것은 '당사자가 도움을 받을' 뿐 아니라 '세상이 도움을 받는' 종류의 선물, 타인에게 나누어줌으로써 보내는 사람을 더욱 풍요롭게 하는 종류의 선물이다.

청년에게 가장 중요한 것은 '무엇을 알고 있는가', '무엇을 할 수 있는가'가 아니라 미래에 대해, 타자에 대해 얼마나 개방적으로 유쾌하게 응대할 준비가 되어 있는가 하는 것이다. 무네치카의 이야기를 통해 소세키는 우리에게 그렇게 가르쳐주고 있다.

8

메이지 40년의 청년들은 요약하자면 모두 '어린애'였다.

그리고 '어른의 롤 모델'은 어디에도 없었다. 곤란하게도 그럴 때 '어린애'는 곧 '어른이 된 기분'이 된다.

하지만 '어린애'가 '어른'이 되기 위한 길은 미래를 향해 열린 상태, 즉 '타자를 만날 수 있는' 상태에 자신을 놓는 일이다.

그리고 타자를 만나기 위해서는 우선 타자를 만나기 위한 '매너'를 습득해놓지 않으면 안 된다. 딱히 어려운 일이 아니다. 간단한 일이다. 상대 앞에 서서 똑바로 상대를 향해 '당신이 마음에 걸린다'고 알리는 무네치카 집안의 가풍 그대로인 것이다.

그러므로 『우미인초』에 그려진 세 청년 중 앞으로 '어른으로 가는 계단'을 확실히 올라갈 수 있는 사람은 아마 무네치카 단 한 명일 것이다. 그것은 고노도 오노도 아직 만날 준비가 되어 있지 않은 종류의 '타자'를, 무네치카만은 이미 만날 준비가 되어 있기 때문이다.

무네치카는 머지않아 그의 '선생님'을 만나게 될 것이다. '내면 없는 청년'이 '선생님'을 만나는 이야기, 그것이 쓰이지 않으면 '어른으로 가는 계단' 이야기는 완결되지 않는다. 그러므로 소세키는 『우미인초』에 이어 『산시로』와 『마음』을 써야만 했던 것이다.

우리는 누구든 롤 모델을 갖고 있다.

롤 모델은 자기 조형을 해나갈 때의 '주형鑄型'이다.

"나는 갖고 있지 않아, 그런 건" 하고 반론하는 사람도 있을지도 모른다.

그러나 그 사람의 경우는 "'나는 갖고 있지 않아, 그런 건' 하고 반론하는 사람"을 롤 모델로 자기 조형하고 있는 것이다.

롤 모델과 '나'의 관계는 먼저 '나'가 있고 그 전에 유형이 몇 가지 있으며 그중에서 '나'의 마음에 든 것을 하나 골라 "좋아, 이걸 내 롤 모델로 하자"라고 결정한 뒤에 성립하는 것은 아니다. 왜냐하면 롤 모델을 모방해서 '나'는 비로소 '자기 조형'을 완수하기 때문이다. 다시 말해 모방이 이루어진 뒤에야 비로소 '모방'의 주체였던 '나'가 어떤 사람이었는지 알게 되는 것이 롤 모델과 모방자의 관계인 것이다.

'자기 조형하기 전의 나'라는 것은 '부모미생이전의 나'라는 것과 같은 허구다.

그리고 이야기를 더욱 까다롭게 하는 것은 '롤 모델의 선택'과 그 '모방'과 관련된 행동 자체를 우리는 롤 모델로부터 배운다.

이 순리와 역리의 전도 속에 '어른으로 가는 길'의 비밀 거의 전부가 숨어 있다.

우리가 스승으로부터 배우는 것은 '스승으로부터 배우는 방식' 그 자체다.

'나'가 먼저 확고하게 있고 그것이 가면이나 변장처럼 마음 내키는 대로 '롤 모델'이나 '스승'을 입거나 벗거나 할 수 있다면, 그런 것은 나의 근본적인 태도 결정이나 삶의 태도에 조금도 영향을 주지 않을 것이다. '자기 조형'이라는 것은 그런 마음 편한 것이 아니다. 그것은 스스로 자신의 머리카락을 붙잡고 공중에 띄우는 일이다. '나'를 공중에 매달아 올릴 터인 '발판'은 '나'의 발밑에는 없다. '나'의 발밑에 '발판'이 없는 이상 어딘가 '다른 데'서 빌려올 수밖에 없다. 그러나 '다른 데'에 '발판'을 빌리러 가야 하지만 '발판'이 없으면 어디로도 발을 내디딜 수 없다.

그런 곡예에서의 '발판'이 '롤 모델' 또는 '선생님'이라 불리는 것이다.

9

사제 관계는 어떤 점에서 그 이외의 정보나 기술의 전수 관계와 결정적으로 다르다. 사제 관계에서는 정보나 기술이 아니라 정보나 기술의 '습득 방법'을 배우는 것이 가장 우선시되는 과제이기 때문이다.

예컨대 자동차운전학원에서의 강사와 학생의 관계는 사제 관계가 아니다.

왜냐하면 거기서 배워야 하는 것은 자동차의 운전이라는 구체적이고 한정적인 기술이지 그 강사가 어떤 방식으로 자동차 운전 기술을 그의 '스승'으로부터 배웠는가 하는 것은 아무도 문제로 삼지 않기 때문이다. 강사도 그런 질문을 받으면 깜짝 놀랄 것이다.

이와 반대로 사제 관계에서는 무엇보다 먼저 배워야 하는 것은 구체적인 정보나 기술이 아니라 스승으로부터 기술이나 식견을 계승하는 '방식'이다. 이는 '스승은 그 스승을 어떻게 섬겼는가'를 배우는 형태로 수행된다.

노가쿠能樂에 〈장량張良〉이라는 이야기가 있다.

한나라 고조의 신하인 장량이 황석공黃石公이라는 무예의 달인으로부터 비법을 배우는 이야기다.

어느 날 장량은 말을 탄 황석공과 마주친다. 그런데 황석공은 일부러 왼쪽 신발을 떨어뜨리고 "이봐, 주워주게" 하고 부탁한다. 장량은 불끈하지만 어쩔 수 없이 신발을 집어 들어 신겨준다. 다음에 황석공을 만나자 이번에는 말 위에서 두 발의 신발을 떨어뜨리고 "이봐, 주워주게" 하고 부탁한다. 장량은 다시 '으음' 하지만 그 신발을 줍자마자 무예의 비법을 궁구하고, 황석공 또한 "비전秘傳의 악곡을 남김없이 전하여……"라는 이야기다.

이 이야기는 전통적인 사제 관계의 본질을 훌륭하게 표현하고 있다.

장량이 황석공으로부터 배운 것은 '무예의 비법'이 아니라 '무예의 비법에 대한 접근 방식'이다.

장량이 "나는 무예를 배우고 싶은 것이지 당신의 지저분한 신발 같은 걸 줍기 위해 여기에 있는 게 아닙니다"라고 부루퉁하게 항의했다면 황석공은 잠자코 물러갔을 것이다.

좀 더 알기 쉬운 예를 들어보자.

TOKIO의 〈가친코〉라는 버라이어티 프로그램에 '가친코 라면 도장'이라는 기획이 있다. 사노라는 가게 주인이 젊은 라면 장인을 호되게 훈련시켜 어엿한 라면 장인으로 만드는 상당히 교육적인 프로그램이다.

모인 여섯 명의 젊은이에게 사노는 기술적인 것을 전혀 가르쳐주지 않는다. 라면 수프를 철야로 만들게 해서는 '맛없다'며 하수구에 버린다. 그런 일을 되풀이하는 사이에 젊은이들은 점점 혼란에 빠진다. 그리고 초조해진 젊은이가 "아저씨, 다른 건 됐고 맛있는 라면을 만드는 방법이나 얼른 가르쳐줘요!"라고 비명을 지르자 사노는 "너한테는 라면을 만들 자격이 없어"라고 등을 돌리는 것이다.

몇 주에 걸친 그런 정신적 고문을 통해 사노가 가르치려는 것은 단 한 가지다. 그것은 '남에게 뭔가를 배울 때의 기본적인 매너'를 알아두라는 것이다.

그것은 우선 자신이 알고 있는 모든 기술이나 정보를 일단 '리셋'해서 스승으로부터 전해지는 것을 받아들일 수 있는 '백지 상태tabula rasa'가 되는 것이다. '백지' 상태가 된 인간만이 그 좁은 틀에 방해받지 않고 스승의 가르침을 습득할 자격을 얻는다.

그것은, 스승은 제자가 보기에 도저히 못 미치는 아득한 곳에 위치해 있고 스승으로부터 전수받은 기술과 정보는 제자에게 '무한'하다는 '이야기'를 받아들이는 일이다. 제자가 먼저 배워야 하는 것은, 스승을 '알고 있다고 상정된 주체'라고 상정하는 일이다. 그것이 '스승을 섬긴다'는 일이다. 그것만 올바로 학습할 수 있다면 기술적인 것은 이후 거의 자동적으로 콧노래를 부르며 습득되어간다(장량은 신발을 주운 후 무예의 비법을 모조리 깊이 연구한다. '라면 도장'에서도, '가친코 파이트클럽'에서도 제자들이 '스승을 모시는 방법'을 깨닫는 데서 이야기는 끝난다. 그 후 제자들의 기예가 얼마나 향상되었는가는 이제 단순히 '시간문제'에 지나지 않기 때문이다.)

지금의 학교 교육에서 '교실 붕괴'는 요컨대 지식이나 기술을 '배우기' 위해서는 '배우기 위한 매너를 배우는 데서 시작해야 한다'는 단순한 사실을 모두가 잊고 있는 데서 기인한다. 원래 학교는 무엇보다 '배우는 매너를 배우기' 위해 존재하는 장소인 것이다.

아이는 (교육학자가 자주 꿈꾸듯이 말하는) '무구無垢한 존재'가 아니다.

아이의 머리는 초라한 편견과 예단과 사소한 지식으로 흘러넘치고, 아이는 그 먼지 같은 정보와 기술을 목숨 걸고 지키려고 한다.

쓸데없는 지식과 쓸데없는 기술을 양적으로 확대하는 것을 '배우는 것'이라고 생각하는 한 아이는 영원히 아이인 채로 남게 된다.

'어른'이라는 것은 '여러 가지 것을 알고 있고 자기 혼자 무엇이든 할 수 있는' 사람을 말하지 않는다. '자신이 이미 알고 있는 것, 이미 할 수 있는 것에는 가치가 없고 진실로 가치가 있는 것은 외부에서 타자로부터 도래한다'는 '이야기'를 받아들이는 사람을 말한다. 바꿔 말하면 '나는 ***을 할 수 있다'는 형태로 자기 한정하는 것이 '아이'고, '나는 ***를 할 수 없다'는 형태로 자기 한정하는 것이 '어른'인 것이다. '어른'이 된다는 것은 '나는 어른이 아니다'는 사실을 직시하는 데서 시작된다. 자신은 외부에서 도래하는 지식을 매개로 해서만 자신을 자리매김할 수 있다는 불능의 지각을 가지는 데서 시작된다.

10

이야기를 소세키로 돌리기로 하자.

롤 모델을 갖지 않은 사람은 '어른'이 될 수 없다. 그러므로 어떤 사회 집단의 구성원들이 충분한 성숙을 이루기 위해서는 어떤 롤 모델을 표준적인 것으로 채택하느냐가 결정적으로 중요해진다.

일반적으로 말해 교육 효과가 가장 높은 롤 모델이란 아무리 평범한 제자라도 받아들여서 인간적 성숙을 위한 길을 가르쳐주는 '선생'이다. 이야기는 간단하다.

이야기는 간단하지만, 어려운 것은 그런 대담한 행위가 가능한 '좋은 선생'은 본질적으로 비표준적·비규범적인 인간이라는 사실이다. 왜냐하면 모든 유형의 제자에 대응하여 그때마다 적절한 교육적 조언을 할 수 있는 선생은 '신神'이 아닐 뿐 아니라 요컨대 '원칙 없는 선생님', 좀 더 심한 표현을 하자면 '내용 없는 선생'이기 때문이다.

'원칙 없는 선생'이란 선생 자신이 모순되고 분열되고 갈라져 있기 때문에 항상 '프로' 상태에 있고, 그런 탓에 제자가 가져오는 어떤 생트집에도 '으음, 그런 것도 있을 수 있지' 하고 느슨하게 감싸 안을 수 있는 사람이다.

'내용 없는 선생'은 바꿔 말하면 '수수께끼를 간직한 선생', '어둠을 안고 있는 선생'이다. 제자는 '선생' 안에서 자신이 갖고 있는 도량형으로는 짐작할 수 없는 '블랙홀'을 찾아낸다. 그것은 바로 제자의 지식이나 가치관을 쓰윽 삼키고 마는 '구멍' 같은 무언가다.

'선생'에게 '내용'이 있다면, 제자의 척도로 결정할 수 있는 지식이나 기술이 있다면 제자는 그것만을 표준으로 '배울' 수 있다. 그리고 배우는 것이 없어지면 다음 '선생'을 찾으러 갈 뿐이다. 그러나 조금 전의 말을 되풀이하면 그것은 제자 자신이 이미 갖고 있는 것을 양적으로, 수평 방향으로 확대하고 있을 뿐인 일이다.

그런 '선생'은 거의 음식물과 같다. 제자는 그것을 소화 흡수, 즉 동일화할 수 있지만 제자의 자기동일성에는 아무런 변화도 생기지 않는다. 단지 더욱 자기중심적이고 자기참조적인 인간이 되어갈 뿐일 것이다.

'원칙을 갖지 않은 선생', '내용을 갖지 않은 선생', 그것이 '좋은 선생'의 조건이다. 하지만 그 조건을 채우는 인간이란 '어떤' 인간인지, 그것을 정식으로 정해진 표현으로 말하기는 힘들다. '원칙을 갖지 않는 것'을 원칙으로 하는 사람. '내용이 없는' 것을 '내용'으로 하는 사람. 그는 대체 어떤 인간일까.

이 질문이야말로 메이지 40년대의 '근대 일본인 어른의 롤 모델 문제'가 직면하고 있던 본질적인 물음이었다.

물론 이런 복잡한 물음에 대학교수나 문부성 관료가 대답할 수 있을 리 없다.

모순되는 요청에 동시에 응하는 존재자를 생생하게 현전시킬 방법을 우리는 경험적으로 일단 딱 하나를 알고 있다.

문학이다.

아무리 평범한 젊은이도 받아들여 한 사람 한 사람에게 그 인간적 성숙의 길을 올바로 가르쳐주는, 풍부하고 깊으며 애매모호한 '영문을 알 수 없는 아저씨'를 '근대 일본인의 성숙을 보여주는 롤 모델'로서 문학을 통해 일본 국민 앞에 제시해주는 것, 그것이 바로 '아사히신문사'에 입사했을 때의 나츠메 소세키가 스스로에게 부과한 문학적 과제였다.

물론 소세키 자신은 그런 '영문을 알 수 없는 아저씨'를 가까이서 알고 있었던 것도 아니고, 그 자신이 '영문을 알 수 없는 아저씨'였던 것도 아니다.

그것은 문학적 허구로서 앞으로 조형하지 않으면 안 된다.

앞에서 말한 것처럼 스승이라는 것은 제자가 그 사람의 제자가 된 순간에 상像이 만들어지는 '환상'이다(신발을 줍지 않는 장량에게는 황석공은 그저 '신발을 발에서 떨어뜨리는 멍청한 늙은이'에 지나지 않는다).

스승은 제자의 위치에 몸을 둔 자만이 생생하게 감지할 수 있는 종류의 환상이다. 그 환상에 판돈을 건 제자에게만 '바닥을 알 수 없는 예지'를 전해주는 종류의 환상이다.

그렇다면 '선생'에 대한 이야기는 반드시 '나'가 어떤 사람을 만나고 '나' 이외 사람의 눈에는 그저 '멍청한 늙은이'로밖에 보이지 않을지도 모르는 그 사람이 '나의 선생'인 것을 깨닫는다는 이야기가 될 수밖에 없다.

'선생'에 대한 이야기란 '선생 그 사람에 대한 이야기'가 아니라 어떤 타자 중에서 '선생'을 발견하는 '나의 이야기'가 될 수밖에 없다.

소세키는 그렇게 해서 '어른이 되기 위한 방법 서설'을 쓰는 길을 택한 것이다. 그러므로 소세키는 우선 '내면을 갖지 않은 청년'을 생생하게 그렸다(그는 이상적인 '제자'가 될 것이다). 그리고 그 '내면을 갖지 않은 청년'이 어떻게 해서 '선생'을 발견하게 되는지 그 '만남의 이야기'가 말해진다.

『도련님』과 『우미인초』는 '내면 없는 청년'의 이야기이고, 『산시로』와 『마음』과 『나는 고양이로소이다』는 그런 청년만이 만날 수 있는 '바닥을 알 수 없는 예지'의 효과에 대한 이야기다.

11

『마음』이 이상한 구성을 가진 소설이라는 것은 지금까지도 되풀이해서 지적되어 왔다. '상, 선생님과 나', '중, 부모님과 나'는 단적으로 말하면 '나'라는 '내면 없는 청년'이 '선생'을 만나고 '선생'에게 이상의 롤 모델을 발견하고 생물학적인 아버지를 빈사 상태에 내버려두고 도쿄행 기차에 올라탄다는, 어떤 의미에서는 고전적인 '교양Bildung' 이야기다.

그런데 '하, 선생님의 유서'라는 소설 형식의 유서(실제로 그렇지만)가 어울리지 않게 긴 탓에 '선생님의 자살' 뒤 열차에 탄 '나'는 도쿄에서 '선생님의 사모님'을 어떻게 응대하는지, '선생님'의 자살을 어떻게 해석하고 어떻게 성장해가는지에 대해서는 아무것도 쓰이지 않은 채 소설은 갑작스럽게 끝나고 만다.

보통의 독자는 반드시 이 소설의 구성을 '이상'하다고 생각할 것이다.

나는 그렇게 생각했다.

'이상하다.'

그러나 이 문호가 여기서 붓을 놓은 이상 이 소설의 구조는 이것으로 '됐다'고 생각하지 않으면 안 된다. 소세키가 말하고 싶은 것은 여기까지로 다 된 것이다.

'선생님의 유서'에서 '선생님'은, 자기 관찰에는 뛰어나지만 결단력이 없고 이기주의자이며 협량한 사람이라는 것이 길게 쓰여 있다.

'불쾌한 놈이다.'

나는 이렇게 생각했다. 과반수의 독자는 나와 마찬가지 감상을 가질 것이다.

그런 이상 소세키는, 독자가 그렇게 생각할 것을 노리고 있었던 것이다. 독자가 '이 〈선생〉이라는 작자는 변변찮은 놈이다'라고 생각해주는 것은 소세키의 전략상 불가피했던 것이다. 왜냐하면 소세키가 이 소설에서 쓰려고 했던 것은 '환상적인 사제 관계'야말로 '현실적인 부자 관계'에 우선한다는 것, 다시 말하자면 '선생님'이 현실적으로는 공허한 인물이라는 사실은, '나'가 그 사람을 환상적인 스승으로 하여 성장하는 데 아무런 지장도 되지 않는다는 것이었기 때문이다.

'나'와 '선생님'의 사제 관계는 '나'가 주도적으로 구축한 것이고 '선생님'은 거의 관계의 성립에 적극적으로 참여하지 않았다.

이 사제 관계는 '나'가 '선생님'을 본 순간 출발한다.

한 서양인이 해수욕장에 나타난다. 그는 살을 감추고 있는 일본인 무리 속에서 홀로 "팬츠 하나만 입고 태연히 사람들 앞에 서 있다".

'나'는 '무척 희한하게' 그를 바라보고 있었는데 그 시선 속에서는 이미 이 단순한 풍습의 차이를 서양인이 일본인을 내려다보는 권력의 기호로서 해석하는 무의식의 운동이 시작되었다(그것은 그 반세기 후에 『알론 수용소』에 기록된, 영국 여성 병사가 일본인 포로 앞에서 전라가 되는 것에 아무런 수치심도 느끼지 않는 것으로 '느꼈던' 아이다 유지會田雄次의 감수성으로 곧바로 이어진다). 그러므로 '나'는 그 후 '선생님'의 행동에 강한 인상을 받게 된다.

> 그는 얼마 후 자기 옆을 돌아보며 거기에 쭈그리고 있는 일본인에게 뭐라고 한두 마디 건넸다. 그 일본인은 모래밭에 떨어진 수건을 줍는 참이었는데 그것을 줍자마자 바로 머리에 두르고는

바다 쪽으로 걸어갔다. 그 사람이 바로 선생님이었다.

'선생님'은 동행한 서양인을 보지 않는다. 대답조차 하지 않는다. 그리고 '팬츠 하나'만 걸친 알몸을 드러내는 서양인에 비해 '몸통과 팔과 넓적다리'를 가릴 뿐만 아니라 머리까지 싸매는 중무장으로 응하고, 두 사람이 나란히 앞바다로 헤엄쳐 나아갔다가 다시 "일직선으로 해변으로 돌아왔다"는 것이다.

이 무언극 속에 '나'는 유럽의 압도적인 근대화 압력에 홀몸으로 당당히 대항하고 있는 '근대 일본인'의 이상형인 도상학적 표현을 (멋대로) 간취한 것이다.

'나'는 그 순간 이미 '제자 입성'을 거의 결정했다. 그리고 몇 마디 말을 주고받은 후 결정적인 한마디가 나온다.

> 찻집에서 만난 선생님이 돌연 나를 향해 "자넨 앞으로도 계속 이곳에 머물 생각인가?" 하고 물었다. 아무 생각이 없었던 나는 머릿속에 그런 질문에 답할 만한 준비를 해두고 있지 않았다. 그래서 "어떻게 될지 모르겠습니다" 하고 대답했다. 하지만 히죽히죽 웃고 있는 선생님의 얼굴을 보았을 때 나는 갑자기 쑥스러워졌다. "선생님은요?" 하고 되묻지 않을 수 없었다. 내 입에서 선생님이라는 말이 나온 건 그때가 처음이었다.
>
> 나는 그때 선생님이 묵고 있는 여관으로 찾아갔다.

두 사람의 관계가 갈림길을 통과하는 것은 '나'가 '선생님'이라는 호칭을 선택한 순간의 일이다. 그리고 그날 밤 '나'는 '선생님'을 찾아가 '입문 의례'를 하게 된다.

> 내가 선생님, 선생님, 하고 부르자 선생님은 쓴웃음을 지었다. 나는 그게 연장자에 대한 나의 말버릇이라고 변명했다. (……)
>
> 나는 마지막으로 선생님에게, 어디선가 선생님을 뵌 적이 있는 것 같은데 도저히 생각이 나지 않는다고 말했다. 당시 어렸던 나는 은근히 상대도 나와 같은 느낌을 갖고 있지 않을까 궁금했던 것이다. 그리고 속으로 선생님의 대답을 기대했다. 그런데 선생님은 잠시 생각하고 나더니 "아무리 생각해도 자네를 본 기억이 없네. 자네가 사람을 잘못 본 거 아닌가?" 하고 말해서 나는 이상하게 가벼운 실망감을 느꼈다.

이 대화가 입문 의례가 될 수 있었던 것은, '나'는 '선생님'과의 만남을 숙명적인 것으로 생각하고 싶어 하는 것에 비해 '선생님'은 그것을 처음부터 부정하기 때문이다.

제자는 스승에게 숙명적으로 결부되어 있지만 스승은 제자에게 결부되어 있지 않다. 제자는 스승을 욕망하고 있지만 스승은 제자를 욕망하지 않는다. 이 비대칭성의 자장 안에서만 사제 관계가 성립한다.

그러므로 '나'가 느낀 '실망'을 '환멸'이라는 의미로 파악해서는 안 된다. 그것은 정확히 '욕망의 불충족'을 의미한다. 즉 이 순간부터 '나'는 '선생님'에 대한 영원히 채워지지 않는 욕망에 불타오르게 되고, 그리하여 '선생님'은 '나'에게 '알고 있다고 상정된 주체'의 지위를 차지하게 되는 것이다.

'선생님'은 그 후에도 자신은 사사할 만한 사람이 아니라는 것을 '나'에게 거듭 공허하게 타이른다.

> 나는 한 달에 두세 번은 반드시 선생님 댁을 찾았다. 내 발길이 점점 잦아지던 어느 날 선생님은 돌연 내게 물었다.
>
> "자네는 왜 나 같은 사람을 그렇게 자주 찾아오는 건가?"
>
> "뭐, 그렇게 특별한 의미는 없습니다.…… 그런데 제가 혹시 귀찮게 해드린 건가요?"
>
> "귀찮다고는 하지 않았네."

'선생님'은 '나'가 찾아온 뜻을 헤아리고 난처한 나머지 이런 설명을 시도한다.

> "난 외로운 사람이네" 하고 선생님이 말했다. "그러니 자네가 와주는 건 기쁜 일이지. 그래서 왜 그렇게 자주 오는 거냐고 물었던 거네. (……) 난 외로운 사람이지만, 어쩌면 자네도 외로운 사람 아닌가?"(……)
>
> "전 조금도 외롭지 않습니다."

"젊을 때만큼 외로운 시기도 없다네. (……) 자네는 아마 나를 만나도 여전히 어딘가 외로운 기분이 들 거네. 나한테는 자네를 위해 그 외로움을 근본적으로 없애줄 만한 힘이 없으니까 말이야. 자네는 조만간 다른 방향으로 팔을 벌려야 하겠지. 그러면 곧 이 집으로는 발길이 향하지 않을 거네."

선생님은 이렇게 말하며 쓸쓸하게 웃었다.

'선생님'은 두 사람 다 '외로운' 사람이라고 말한다. 아마 이는 옳을 것이다. 다만 두 사람의 '외로움'에는 뉘앙스의 차이 이상의 것이 있다.

'선생님'이 '외로운 사람'인 것은 '욕망의 충족' — 신변의 주체스러운 것과의 단절, '아가씨'와의 에로스적 결합의 성취, 라이벌 K의 완전한 배제, 자기 결정권의 획득 — 을 달성한 인간만이 알게 되는 욕망의 사술詐術에 대한 쓸쓸한 환멸 때문이다.

욕망은 그것이 불충족일 때만 욕망으로 기능한다. 욕망은 그것이 목표에 닿기 직전에 절정을 추구하고 불충족이라는 양태에서만 존재감을 가진다. 그리고 '욕망이 충족되었을' 때는 이미 욕망 자체가 불활성화하기 때문에 '충족되어야 할 욕망'은 이미 거기에는 없다. 그러므로 욕망은 영원히 충족되는 일이 없는 것이다. '선생님'의 '외로움'은 그 게임의 규칙을 알아버린 사람의 '외로움'이다.

원래 '아가씨'에 대한 '선생님'의 에로스적 욕망은 친구 K의 고백에 의해 점화한 것이다. 그 이전에 '아주머님'이 아무리 의중을 떠봐도, '아가씨'가 호의를 보여도 꿈쩍하지 않았던 '선생님'의 욕망은 K의 욕망에 의해 기동한다.

'선생님'의 유서에는 K의 등장 이전부터 '아가씨'에게 은밀하게 호의를 품고 있었던 것처럼 쓰여 있지만 물론 이것은 '선생님'이 만들어낸 이야기다. '선생님'은 '아주머님'에게 "아주머님, 따님을 저한테 주십시오"라고 말한 순간 자신이 그녀에게 계속 욕망을 품고 있었다는 '과거'를 발견한 것이다.

'선생님'은 알지 못해도 작자인 소세키는 그것을 알고 있었다. 그러므로 책을 펼치자마자 '나'의 회상 중에서 '아름다운 연애의 이면'의 '끔찍한 비극'을 우회적으로 언급했을 때 이렇게 썼던 것이다.

> 나는 지금 그 비극에 대해 아무 말도 하지 않을 것이다. 오히려 그 비극 때문에 생겨났다고도 할 수 있는 두 사람의 연애는 조금 전에 말한 대로였다.

연애에서 비극이 생겨난 것이 아니라 비극에서 연애가 생겨난 것이다.

인간은 중요한 것에 대해서는 반드시 원인과 결과를 거꾸로 기억한다. 하지만 그것은 어쩔 수 없는 일이다. 왜냐하면 '인간의 욕망은 〈타자〉의 욕망'이기 때문이다.

> 선망은, 선망하고 있는 사람에게는 아무런 도움도 되지 않고, 사실은 그것이 대체 어떤 것인가를 생각한 적이 없는 것의 소유에 의해 불러일으켜진다.
>
> (자크 라캉, 『정신분석의 네 가지 근본 개념』)

라캉은 이렇게 썼지만 '선생님'도 그것에, 즉 '아가씨'가 "아무런 도움도 되지 않고, 사실은 그것이 대체 어떤 것인가를 생각한 적이 없는 것"이었던 일을 결혼한 후 깨달았던 것이다.

'선생님'은 그 욕망을 모방해야 할 타자 = K를 배제하고 말았다. 당연하지만 그 후의 '선생님'에게는 그 욕망을 모방할 타자가 이제 없다. 그리고 '나'는 바로 '선생님'이 그 욕망을 모방할 만한 타자를 갖지 않는다는 사실에 대해 격렬한 욕망을 품고 마는 것이다. '선생님'에게는 욕망이 없다는 것이 '나'의 '선생님'에 대한 욕망을 환기하는 것이다.

우리는 세속적인 냄새가 풀풀 나는 성공한 사람에게는 선망을 느끼지 않지만 무일푼이면서도 깨끗하게 자족하고 있는 사람에게는 선망을 느낀다.

조금 전에 우리는 '인간의 욕망은 타자의 욕망을 욕망한다'고 썼다. 욕망을 갖지 않은 '선생님'에게 '나'가 욕망을 느낀다는 것은 그 명제와 모순되는 것으로 보일지도 모른다. 어떻게

'욕망을 갖지 않은 인간'의 욕망에 욕망을 품는 일이 있을 수 있을까.

대답하자. 간단한 이야기다.

'욕망을 갖지 않은 인간' 따위는 존재하지 않는다(그것은 '인간'의 정의에 반한다).

'욕망을 갖지 않은' 것으로 보이는 인간이란, 요컨대 '욕망하는 것을 바라지 않는' 인간, 바꿔 말하면 '욕망하지 않는 것을 욕망하는' 인간이라는 것이다.

'욕망하지 않는 것을 욕망하는 것' 또한 '욕망'의 한 형태일 수밖에 없다.

'선생님'의 '욕망하지 않는 것을 바라는 욕망'이 '타자의 욕망'으로서 '나'의 욕망을 활성화한다.

그리고 이 '욕망하지 않는 것을 바라는 욕망'이야말로 모든 타자의 욕망 안에서 가장 격렬하게 '나'의 욕망을 환기하는 것이다.

'욕망하지 않는 것을 바라는 욕망'은 결코 진정될 수 없는 욕망이다. 이토록 자극적인 욕망은 달리 존재하지 않는다. 따라서 '나'가 '선생'에게 끌린 것은 당연한 것이다.

12

'선생님'은 '나'에게 제공해야 할 유용한 정보나 식견을 자신이 갖고 있다고는 생각하지 않는다. 그러므로 '나'가 찾아온 이유를 제대로 이해할 수 없고 '나'가 보이는 과도한 경의에 일종의 꺼림칙함 같은 것을 느낀다.

나이가 어렸던 나는 자칫 외골수가 되기 쉬웠다. 적어도 선생님의 눈에는 그렇게 비쳤던 것 같다. 나에게는 학교 강의보다 선생님의 이야기가 더 유익했다. 교수의 의견보다는 선생님의 사상이 더 뛰어났다. 결론을 말하자면 교단에 서서 나를 지도해주는 대단한 사람들보다 그저 혼자를 고수하며 많은 것을 말하지 않는 선생님이 더 대단해 보였던 것이다.

솔직한 증언이다. '선생님'은 제대로 말하지 않았지만 '나'에게는 '대단해 보였던' 것인데 '선생님'이 학교의 교수보다 대단하다는 '나'의 평가에는 ('나' 자신이 그것을 깨닫고 있는 것처럼) 아무런 근거도 없다.

선생님은 세상에 전혀 이름이 알려져 있지 않은 사람이었다. 그래서 선생님과 밀접한 관계를 맺고 있는 나 이외에 선생님의 학문이나 사상에 경의를 표하는 사람이 있을 리 없었다.

실제로 『마음』 안에서 선생님이 그의 전문적인 지식으로 '나'를 계몽했다는 기술은 어디에도 없다. '선생님'이 열심히 가르치는 것은 '유산 분배는 생전에 제대로 해두는 게 낫다'는 세속의 지혜뿐이다. 그런데도 '나'에게 '선생님'은 확실히 사회화하는 사람socializer으로서 기능한다.

뇌일혈 발작을 일으킨 아버지의 병문안 때문에 귀향한 '나'는 소강상태로 회복한 아버지와 장기를 두며 아버지와 '선생님'을 비교한다.

> 나는 마음속으로 아버지와 선생님을 비교했다. 둘 다 세상에서 보면 살아 있는 건지 죽은 건지 알 수 없을 만큼 조용한 사람들이었다. 남에게 인정받는다는 점에서 보면 두 사람 다 빵점이었다. 그런데도 장기를 두고 싶어 하는 아버지는 단순한 오락 상대로서도 나에게는 어딘가 부족했다. 일찍이 내가 유흥을 위해 왕래한 기억이 없는 선생님은 환락의 교제에서 생기는 친밀함 이상으로 어느새 내 머리에 영향을 미치고 있었다. 다만 머리라고 하면 너무 차가운 느낌이라 가슴이라는 말로 바꿔 말하고 싶다. 살 속에 선생님의 힘이 파고들어 있다고 해도, 핏속에 선생님의 생명이 흐르고 있다고 해도 그때의 나에게는 조금도 과장이 아니라고 생각되었다.

거듭 말하지만 '나'의 이 과도하고 근거 없는 경의는 '선생님'이 보여준 탁월한 교양이나 사회적 위신 등에 의해 실제적으로 기초 지어져 있는 것이 아니다. 그런 게 아니라 '선생님' 안에 간직되어 있는 일종의 공허 — '제로零' — 의 결여적인 효과인 것이다.

그 효과는 '선생님'이 '나'의 경의를 물리치려고 할 때마다 그 정도가 높아진다.

> "아무튼 날 너무 믿으면 안 되네. 곧 후회할 테니까. 그리고 자신이 속은 앙갚음으로 잔혹한 복수를 하게 되는 법이니까."
>
> "그건 또 무슨 뜻이지요?"
>
> "예전에 그 사람 앞에서 무릎을 꿇었다는 기억이 이번에는 그 사람 머리 위에 발을 올리게 하는 거라네. 나는 미래의 모욕을 받지 않기 위해 지금의 존경을 물리치고 싶은 거지.

'선생님'의 '경의의 취소' 청구는 반대로 '나'의 경의를 북돋울 뿐이다.

그것은 '선생님'의 '겸손'에서 미덕을 봤기 때문이 아니다.

'미덕을 본다'는 것은 공공적인 가치의 프레임워크 안에 '선생님'을 위치시키고 공적 '승인'을 행하는 것이다. '선생님'에 대한 '나'의 경의는 '선생님'이 존경할 만한 사람으로서 공적 인지를 받고 있는 것(또는 받을 거라는 기대)에 기초 지어져 있는 것이 아니다(되풀이해서 말하지만 '선생님'이 '제로'의 인간이라는 것을 '나'는 이미 숙지하고 있는 것이다). '나'의 경의는 어떤 공공적 심급과도 무관하고 매개 없이 직접적으로 '선생님'에게 바쳐지고 있다.

그러므로 '선생님'이 '나'의 근거 없는 경의의 대가로서 '잔혹한 복수'를 당할 염려는 전혀 없는 것이다. '선생님'이 그런 방식으로 자신이 경의에 견딜 수 없는 사람이라는 것을 주장하면 할수록, '선생님'이 '나'의 가치관 안에 '붙잡히는' 것을 싫어하여 몸을 비비 꼬며 도망치려고 하면 할수록 '선생님이 지니고 있는 수수께끼'를 탐구하려는 '나'의 욕망은 높아지는 장치가 되어 있기 때문이다. 그리고 '선생님이 지니고 있는 수수께끼'를 탐구하는 제자의 욕망이야말로 '나'의 '교양Bildung'의 구동력인 것이다.

13

'선생님'에게서 전형적으로 보이는 이런 기호의 행동을 라캉은 '그것이 의미하는 것의 취소를 요구하는 시니피앙'이라고 명명했다.

우리를 끌어당기는 이야기의 핵심에는 거의 반드시 '그것이 의미하는 것의 취소를 요구하는 시니피앙'이 공허한 중심으로서 운동하고 있다. 에드거 앨런 포의 「도둑맞은 편지」에서 '도둑맞은 편지', 교겐狂言 〈부자附子〉*에서 '부자', 히치콕의 〈북북서로 진로를 돌려라〉에서의 조지 캐플란……, 히치콕이 '맥거핀'**이라고 명명한, '이야기를 기동시키는' 시니피앙과 같은 기능을 『마음』의 '선생님'이 하고 있다.

'선생님'이 자신에게는 탐구할 만한 '수수께끼' 같은 건 없다고 언명할 때마다 '수수께끼'는 반드시 존재한다는 '나'의 확신은 깊어진다. '나'의 호기심이 불러일으켜지고 상상과 성찰이 촉구된다. 그리고 그 '선생님의 수수께끼'에 대한 탐구 과정에서 '나'는 그것인 줄도 모른 채 확실히 사회화=성숙의 과정을 진행하는 것이다.

실제로 '여자와 깊은 교제를 해본 경험이 없고 세상물정에 어두운 청년'인 '나'는 '선생님'이 지니고 있는 수수께끼를 탐구하는 대화를 '사모님'과 나누는 중에 유아적인 남성에게 고유한, 여성에 대한 모호한 '동경'이나 감정의 격변이나 '이상한 반발력'에서 점차 해방되어 성숙한 남성으로 성장해간다.

---

* 부자라는 맹독이 든 통이라며 절대 손대지 말라고 하고 외출한 주인의 말을 들은 하인이 궁금증을 이기지 못하고 몰래 먹어보니 설탕이어서 다 먹고 말았다. 주인에게 혼이 날 것을 걱정하던 하인은 그릇과 족자를 깨놓고, 실수로 그릇과 족자를 깨서 죽을 생각으로 부자를 먹었으나 죽지 않아 난처해하고 있다고 거짓말을 하는 이야기.

** MacGuffin. 이야기에 동기를 부여하고 구체적으로 설명되지 않은 채 자연스럽게 퇴장하는 장치. 중요하지 않은 것을 마치 중요한 것처럼 위장하여 관객의 주의를 집중시키는 일종의 트릭이다.

우리는 이야기의 마지막에 이르러 '나'가 아마도 솜씨 있게 '선생님'의 장례를 도맡아 처리하고 그 후에도 '사모님'이 신뢰할 만한 의논 상대로서 — 아마도 에로스적 욕망의 대상으로서 — 깊은 신뢰 관계를 유지해나갈 것으로 예상할 수 있다.

이는 '선생님'의 '그것이 의미하는 것의 취소를 요구하는' 행동의 효과다. 이 점에 대해서는 결정적인 기술이 존재한다.

'사모님'과 '나'는 '선생님'이 왜 세상에 나가려고 하지 않는지에 대해, 선생님이 집에 없을 때 의견을 교환한다.

> 자신과 남편 사이에는 어떤 응어리도 없다, 또한 없어야 하는데, 그래도 역시 뭔가 있다. 그래서 눈을 크게 뜨고 찾아보려고 하면 역시 아무것도 없다. 사모님의 고민은 여기에 있었다.(……)
>
> "학생은 어떻게 생각해요?" 하고 물었다. "나로 인해서 그렇게 된 것인지, 아니면 학생이 말한 대로 인생관인가 뭔가로 인해 그렇게 된 것인지, 숨기지 말고 말해주세요."
>
> 나는 아무것도 숨길 생각이 없었다. 하지만 거기에 내가 모르는 어떤 것이 존재한다면 내 대답이 어떻든 그것이 사모님을 만족시킬 리는 없었다. 그리고 나는 거기에 내가 모르는 무언가가 있다고 믿었다.

'무언가가 있다'고 생각하는 장소에는 '아무것도 없는' 것이다.

그것은 어떤 '답'을 해도 ('옳은 답'을 해도) 그것을 채울 수 없는 결여다.

지금 이 회상을 쓰고 있는 '나'는 '거기에 내가 모르는 무언가가 있다고 믿었다'는 표현에서 알 수 있듯이 '선생님' 안에 '내가 모르는 무언가'가 없었다는 것을 지금은 알고 있다.

어떻게 알고 있는 걸까.

그것은 '나'가 '선생님의 유서'를 읽었기 때문이다.

'선생님의 유서'를 읽음으로써 '나'의 '선생님'에 대한 불타는 듯한 욕망은 소실되었다. 왜냐하면 '나'는 그때 자신과 '선생님'을 휩쓸리게 했던 욕망의 배치를 부감으로 조망할 관점을 손에 넣었기 때문이다(그리고 그것이 바로 '선생님'이 목숨을 걸고 보낸 '선물'이었던 것이다).

사람이 어떻게 욕망의 구조 안에 휩쓸리는지를, 즉 '전이'의 메커니즘을, '나'는 '유서'를 통해 배운다.

요컨대 그것은 '유서'를 읽은 후의 '나'가, 젊은 사람으로부터 '선생님'이라 불리고 근거 없는 경의를 받는 입장의 사람이 되는 것 외에 없다는 것, 그리고 그 책무를 받아들이는 것 외에 선택지가 없다는 것을 알았다는 것이다.

이것이 성숙이라는 것이다.

그러므로 '나'는 직후에 예상되어 있는 아버지의 장례식에 한 유족으로 참석하게 됨으로써 '선생님'의 장례 '책임자'가 되는 길을 굳이 택하게 되는 것이다.

'유서'는 '선생님'의 모든 '수수께끼'를, '수수께끼'가 어떻게 기능하는지를 '나'에게 밝힌다.

'선생님'이 '나'에게 성숙의 롤 모델로서 기능한 것은 '선생님'이 '나'가 모르는 '무언가'를 알고 있었기 때문이다.

그것은 K의 자살 원인이 '선생님'에게 있다는 '사실'이 아니다(그것 역시 '선생님'이 '지어낸 이야기'에 지나지 않는다. K의 유서에 있는 '나는 의지가 약하고 결단성이 모자라서 도저히 앞날의 전망이 없어 자살한다'는 '지어낸 이야기'와 '선생님'의 '지어낸 이야기' 중 어느 것이 많은 진실을 포함하고 있는지를 결정할 수 있는 심급은 어디에도 존재하지 않는다).

그게 아니라 '선생님'이 알고 있고 '나'가 몰랐던 것은, '자신이 사실은 어떤 사람인지'를 취소한다는 몸짓에 의해 '선생님'은 '사모님'의 사랑과 '나'의 경의를 둘 다 손에 넣었다는 '사실'이다.

이것만이 '유서'에 포함된 '선생님'의 자기 역사에 대한 모든 '지어낸 이야기' 중에서 확실하고 유일한 '진실'이다. 그리고 '나'는 바르게 그 '진실'을 읽어냈던 것이다.

'선생님'은 '수수께끼'를 밝히기 위해 '유서'를 쓴 것이 아니다. 만약 '수수께끼'를 밝히는 것이 '선생님'의 마지막 희망이라면 '사모님'에 대해서도 진실을 밝히는 걸 허락했을 것이다. 그러나 '선생님'은 그것을 금했다.

> 나는 내 과거의 선과 악 모두를 사람들이 참고할 수 있도록 제공할 생각이네. 하지만 아내만은 단 한 사람의 예외라고 생각해주게. 나는 아내에게 아무것도 알리고 싶지 않아. 아내가 내 과거에 대해 가진 기억을 되도록 순백의 상태로 있게 해주고 싶은 것이 나의 유일한 바람이니 내가 죽은 뒤에도 아내가 살아 있는 이상은 자네에게만 털어놓은 내 비밀로서 모든 것을 가슴에 묻어두게.

'유서'는 이렇게 맺어진다.

'선생님'은 '나'에게만 '수수께끼'를 밝히고 아내에게 밝히는 것을 '나'에게 금지했다. 다시 말해 이 순간 '선생님'은 세 사람이 형성하고 있던 욕망의 배치에서 '선생님'의 위치를 '나'에게 양도한 것이 된다.

요컨대 그것은 '선생님과 K와 아가씨'가 형성하고 있던 삼각형에서 K의 위치, 즉 '아가씨를 양도하고 자살하는' 남자의 입장으로 '선생님'이 이동하고, '선생님과 나와 사모님'이 형성하는 삼각형에서 '나'가 '선생님'의 위치로 이동한 것이다.

나는 앞에서 '나'는 머지않아 '사모님'의 에로스적 욕망의 대상이 될 거라고 썼다.

그것은 '나'나 '사모님'의 개인적인 호오와는 아무런 관계도 없는, 순수하게 기호적인 욕망의 배치 변경에 의해 생기는 효과인 것이다.

'나'가 얼마나 도덕적이든, '사모님'이 얼마나 금욕적이든

'유서' = '편지'의 효과를 벗어날 수는 없다.

'사모님'은 언젠가 반드시 '유서'의 존재를 짐작하고 그 내용에 대해 '나'에게 추궁할 것이다. 하지만 그때 '나'는 결코 그 내용을 입 밖에 내지 않을 것이다. 그것은 '선생님'의 마지막 부탁을 '나'가 도덕적 요청에 의해 존중하기 때문이 아니다. '나'는 결코 그 편지를 사모님에게 보여줄 수 없다. 그것은 「도둑맞은 편지」에서 편지를 왕비로부터 약취한 장관이 아무리 원하든 그 편지를 공개할 수 없는 근본적인 불가능 안으로 몰리는 것과 같다.

> 바꿔 말하면 장관은 편지를 그런 용도로 사용하는 것을 강요받고 있는 것이다. (……) 확실한 것은 편지를 사용하지 않은 채 내버려두는 것이야말로 장관에게 강요된 용도라고 한다면 권력적인 용도로 편지를 사용하려고 해도 그것은 잠재적인 것일 수밖에 없는 것이다. 왜냐하면 편지의 잠재적인 힘은 현재화하는 순간 사라져버리기 때문이다.
>
> (자크 라캉, 『「도둑맞은 편지」에 대한 세미나』)

라캉의 이 글에서 '장관'을 '나'로 바꾸면 그것이 『마음』의 '선생님의 유서' 뒤에 전개될 이야기의 흐름을 올바로 알아맞힌다는 것을 알 것이다. '편지'를 둘러싼 이야기는 그렇게밖에 진행될 수 없는 것이다.

'나'는 '유서'의 내용을 은닉함으로써, 필요하다면 '유서' 그 자체의 존재를 부정함으로써 '사모님'에게 '수수께끼'를 지닌 인물이 된다. '나'는 그 후 '사모님'에게 "저에게는 숨기는 것이 아무것도 없습니다"라고 몇 번이라도 단언할 것이다. 그 단언이 되풀이될 때마다 '사모님'은 "자신과 남편 사이에는 어떤 응어리도 없다, 또한 없어야 하는데, 그래도 역시 뭔가 있다. 그래서 눈을 크게 뜨고 찾아보려고 하면 역시 아무것도 없다"는 그 몸짓을 강박적으로 되풀이하게 된다.

'선생님'이 왜 '선생님'이라는 호칭에 상응하는 인물인지, 이것으로 이해했을 것이다.

'선생님'은 '나'에게 '선생님'과 K와 '아가씨'를 둘러싼 욕망의 배치와 '나'와 '선생님'과 '사모님'을 둘러싼 욕망의 배치에 대해 한눈에 부감할 수 있는 관점을 제공하고 '사모님'에 대한 '수수께끼'의 '권력'을 양도했다. 다시 말해 지식 = 권력의 수준과 에로스의 수준이라는 두 수준에서 '나'에게 욕망을 성취하는 방법을 전수한 것이다.

'선생님'이 '나'에게 전한 것, 그것은 '본질적으로 그것이 의미하는 것의 취소를 의미하는 것으로 숙명 지어져 있는 것'을 공허한 중심으로 하여 욕망은 편성된다는 식견이었던 것이다. 즉 '선생님'은 '나'에게 올바로 '스승에 대해 배우는' 것의 본질을 가르쳐준 것이다.

일단 지식 = 권력과 에로스의 수준에서 욕망의 성취를 이룬

자는 그 욕망 편성의 중심에 위치하는 '공허'에 홀려 사고의 자유와 행동의 자유를 빼앗기고 그 포로가 된다.

그것도 '선생님'은 자살을 통해 잊지 않고 '나'에게 전했다. '그것'과 인연을 끊기 위해서는 오귀스트 뒤팽이 한 것처럼, 또는 '선생님'이 한 것처럼 '건넬' 수밖에 없는 것이다.

"건네라, 갖고 있지 말고."

이것이야말로 늘 '스승'이 '제자'에게 전하는 궁극의 말이다.

14

『산시로』에서 '위대한 어둠' 히로타 선생이나 『나는 고양이로소이다』의 구샤미 선생의 '스승'으로서의 기능에 대해서도 쓰려고 했지만, 글이 너무 길어지고 말았다. 읽는 쪽도 이제 슬슬 진절머리가 났을 것이므로 이쯤에서 붓을 놓기로 한다.

나츠메 소세키는 메이지 말년에 '청년은 어떻게 해서 어른이 되는가'라는 주제를 내세워 많은 작품을 남겼다. 그것은 단지 작품의 '주제'가 청년의 성숙이었다는 것에 그치지 않고 소세키 자신이 '욕망의 중심'이 되고 소세키를 모범으로 하는 성숙의 운동에 독자들을 끌어들이는 방식으로 수행된 것이다.

'어른'이란 "'어른'이라는 것은 이러이러하다고 말하는 것이다"라는 사실 인지를 행하는 사람을 말하는 것이 아니다. 실제로 '어린애'를 '어른'으로 만들어버린 것에 의해 사후적으로 그 사람이 '어른'이었다는 것을 알 수 있는 방식으로 인간은 '어른'이 되는 것이다.

그러므로 메이지 40년, 나츠메 소세키가 도쿄제국대학을 그만두고 아사히신문에 『우미인초』를 집필할 결심을 했을 때 소세키는 근대 일본 최초의 '어른'이 된 것이다.

단행본 후기

쇼분샤晶文社의 안도 사토시安藤聰 씨로부터 “책을 내지 않겠습니까?”라는 제안을 받은 것은, 2001년 3월에 『망설임의 윤리학ためらいの倫理學』이 출판되고 몇 주 지나고 나서입니다.

『망설임의 윤리학』은 제가 자신의 웹사이트에 휘갈겨 쓴 2메가바이트의 에세이와 논문 중에서 편집자가 22편을 골라 준 앤솔로지입니다.

그 책을 읽은 안도 씨가 ‘일본의 올바른 아저씨’의 생활 방식을 사상 체계로서 정비하는 것이 중요하다고 주장한 저의 글에 공명하여 ‘일본의 올바른 아저씨의 옹호와 표창을 하기 위한 책’을 엮고 싶다고 말한 것입니다.

저는 흔쾌히 승낙했습니다.

저 자신은 '일본의 올바른 아저씨'가 아니고, 굳이 말하자면 '일본의 나쁜 아저씨'입니다.

인텔리이고 자유주의자이고 근면하고 공정하고 온후한 '일본의 올바른 아저씨'에게 저 자신은 소년 시절부터 계속해서 거역하고 대들고 매도하고 짓궂은 짓을 하며 갖은 반항을 해왔습니다. 하지만 그것은 제가 그들의 존재를 부정하려고 했기 때문이 아닙니다. 그들을 의지하고 그들을 믿었기 때문에 '제멋대로' 굴었던 것입니다.

그들이야말로 일본의 토대이고 근간이고 모든 경제적·문화적 자원의 원천이라는 확신에 지금도 옛날도 흔들림은 없습니다.

정통이 있어야 이단이 있고 메인스트림이 있어야 카운터컬처가 있습니다. '올바른 아저씨'가 힘껏 자세를 취해주어야 '나쁜 아저씨'도 거리낌 없이 방탕에 빠지고 '올바른 아저씨'들의 근로 성과를 수탈할 수도 있는 것입니다. 말하자면 '올바른 아저씨'는 바로 저 같은 '나쁜 아저씨'가 그것에 기생해서 살아갈 수 있는 아주 중요한 '숙주'님인 것입니다.

그런데도 지난 30년쯤의 미디어 논조를 비추어 보면, 아무래도 '일본의 올바른 아저씨'의 형세는 좋지 않습니다.

'진보적 문화인'은 매도의 수식어가 되고, '가부장'은 타도의 대상이 되고, '상식'이나 '사회 통념'은 반시대적 이데올로기로서 쓰레기통에 버려지고 말았습니다. 왼쪽은 페미니스트나 포스트모더니스트나 포스트콜로니얼리스트로부터 실컷 욕을 먹고, 오른쪽은 역사수정주의자나 내셔널리스트로부터 괴롭힘을 당하고, '일본의 올바른 아저씨'들은 어두운 표정으로 고개를 숙이고 있습니다.

그래도 '올바른 아저씨'들은 무슨 말을 듣든 동료들과 손에 손을 잡고 이마에 땀을 흘리며 일을 하는 것은 그 자체로 '좋은 일'이라는 직업윤리에서 벗어날 수 없고, '강한 아버지와 자상한 어머니와 귀여운 아이들'로 구성되는 이상적인 가족상을 내버릴 수 없으며, '강경함을 꺾고 나약함을 돕는' 것이야말로 인류의 기초라고 믿고 있고, 다투고 있는 사람들을 보면 일의 시비는 아무튼 끼어들어 '이야기하면 알 수 있게 된다'고 말해 버립니다.

하지만 지금은 그런 '올바른 아저씨의 상식'이 수용되는 시대가 아닙니다.

기업이나 상사에게 충성심을 갖고 멸사봉공의 정신으로 일하는 월급쟁이는 '사축社畜'이라며 모욕당하고, '자신다움의 실현'이나 '자기 일신의 영달'을 우선적으로 추구하는 것이 '쿨'한 삶의 태도로 여겨집니다.

공정한 사회, 그것은 능력 있는 인간이 능력 없는 인간을 '먹는' 사회입니다. 미국에서 들어온 경영진은 그것이 바로 글로

벌 스탠더드라고 호언합니다.

'강하고 의지할 만한 가부장'으로서 자기를 형성하는 것이 가정을 억압적인 장으로 만듭니다. 그러므로 '남자도 자신의 약함을 허락하라', '남자도 울어라', '남자도 생산하지 않는 위치에 몸을 두어보라'고 페미니스트들은 선동합니다.

정의란 노력 끝에 성취되는 것이 아닙니다. 오로지 '타자'로부터 도래하는 고발과 규탄에 몸을 드러내고 자신의 잘못을 인정하고 고개를 숙이고 용서를 비는 것이야말로 정통적인 정의의 형태라고 포스트모더니스트는 설교합니다.

다투고 있는 사람들이 있다면 항상 한쪽이 옳고 다른 한쪽이 틀리다, 그 양쪽을 향해 '자, 아무튼 이야기를 해보자'며 억지로 무승부로 끌고 가려고 하는 것은 이미 현상Status Quo의 절대화, 현상 긍정에 가담하는 것이라며 포스트콜로니얼리스트는 호되게 꾸짖습니다.

'올바른 아저씨'들이 그 생활 방식의 토대로 삼아온 '상식'은 지금 모조리 부정당했습니다. 성스러운 노동도, 따뜻한 가정도, '모모타로의 정의'*도, '이야기하면 알 수 있다는 것'도, 일찍이 '일본의 올바른 아저씨'들이 마음의 지주로 삼아온 기본적인 모럴은 '역사의 쓰레기통'에 버려지려 하고 있습니다. 그런데도 '올바른 아저씨'들은 이런 상황에 어떻게 대처해야 좋을지 모른 채 그저 멍하니 서 있을 뿐입니다.

'숙주'가 처한 이 위기적 상황에서, 지금까지 그들에게 푹 기생해온 '나쁜 아저씨들'도 이제 발 벗고 나서서 '올바른 아저씨들'의 진영에 서서 기꺼이 도와주고 싶다고 생각합니다.

당신들은 틀리지 않았다.

일하는 것은 그것 자체로 좋은 일이고, 동료를 믿는 것은 좋은 일이며, 귀속할 집단에 충성심을 갖는 것도 좋은 일이다.

가정을 갖는 것은 좋은 일이고, 아내는 권력적이고 탐욕적이기보다는 자상하고 아름답고 조신한 편이 좋은 것은 물론이고, 아이는 반항적이고 병적이고 이기적이기보다는 순수하고 유쾌하고 쾌활하고 가정을 생각하는 것이 좋다.

민주주의는 좋은 것이다. 절대적인 정의를 일률적으로 결정하는 것은 불가능하지만 상대적인 정의와 '보다 나은 사회'의 실현을 목표로 서로 이야기를 나눌 수는 있다. 그리고 '지금보다 나은' 상태를 향해 커뮤니케이션의 회로를 가동시키는 것은 '좋은 일'이다.

내가 이 책에서 말하는 것은 그런 '20년쯤 전의 상식'에 지나지 않습니다.

---

* 일본의 전래동화 『모모타로』는 모모타로가 도깨비 섬으로 가서 도깨비들을 섬멸하고 보물을 빼앗아오는 내용이며 그는 정의로운 영웅의 전형이었다. 하지만 도깨비의 입장에서 모모타로의 행위를 보면 이야기는 전혀 달라진다.

꾸준히 일하고 가정을 소중히 하고 정의를 믿고 민주주의를 지키자.

단순한 목표입니다.

그러나 현대는 이 단순한 목표를 향해 우직하게 살아가려는 사람들에게 결코 살기 쉬운 시대는 아닙니다.

불행한 시대라고 생각합니다.

사람들은 국가를 믿는 걸 그만두고, 가정을 믿는 걸 그만두고, 학교를 믿는 걸 그만두고, 회사를 믿는 걸 그만두고, 지역사회를 믿는 걸 그만두고, 역사의 진보를 믿는 걸 그만두고, 신의 섭리를 믿는 걸 그만두었습니다.

믿는 걸 그만둔 것에는 그 나름의 역사적 필연이 있기 때문에 그것은 그것대로 어쩔 수 없는 일입니다. 그러나 그렇게 해서 모든 버팀목을 베어 넘어뜨리면 앞으로 사람들은 버팀목 없이 어떻게 살아갈 생각인 것일까요.

아우슈비츠 이후 이제 신을 믿을 수 없게 되었다고 단언하는 유대인을 향해 에마뉘엘 레비나스는 이렇게 말했습니다.

> 우리는 죄 없는 자가 괴로워하는 세계에 있다. 그런 세계에서 가장 간단한 것은 무신론을 택하는 일이다. 무신론을 택하는 사람은 이런 식으로 생각한다. 신은 좋은 일을 한 사람에게는 보상을, 나쁜 짓을 한 사람에게는 벌을 내리는 존재라고. 다시 말해 신은 정의의 배분을 통해 만인을 '유아'로 취급하는 것이라고. 무신

론이란 그런 생각을 하는 사람이 택하는 선택지다. 그런 논리로 당신들은 하늘에서 주민을 쫓아버렸다. 과연 그렇게 해서 이쪽 사정으로 간단히 쫓아낼 수 있다는 것은 상당히 저급한 존재가 지금까지 당신들 머리 위에 살고 있었다는 뜻이다. 그렇다면 당신들에게 묻고 싶다. 이 텅 빈 하늘 아래에서 당신들은 왜 아직 의미가 있고 선한 세계가 있을 수 있다고 생각하는가.

(『곤란한 자유』)

무신론자는 '신의 부재'의 증거를 늘어놓으며 '선한 세계는 있을 수 없다'는 결론을 이끌어냅니다. 그들에게는 이제 '버팀목'이 없습니다. 그렇다면 이기적인 욕망이나 세속적인 계산을 원리로 하는 비영적非靈的인 삶을 택할 수밖에 없을 것입니다.

쿨합니다.

그러나 그것은 '유아'의 선택이라고 레비나스는 단언합니다. '어른'이란 믿는 것이 없어졌을 때 '믿는 것이 없어진 상황'을 '믿는' 계기로 끌어올릴 수 있는 사람을 말합니다.

레비나스는 이렇게 잇습니다.

질서 없는 세계, 즉 선이 승리할 수 없는 세계에서 희생자의 자세, 그것을 수고受苦라고 부른다. 이 수고가, 어떤 형태든 구세주로서 현현하는 것을 거부하고 지상적 부정의 책임을 모두 자신의 몸에 받아들이는 인간의 성숙을 요구하는 신을 보여주는 것이다.

신에게 진실로 신적인 위덕威德이 있다면, 그것은 '불의한 것이 승리하고 의인이 수난을 당하는' 상황에서도 '인간이 인간에게 범한 죄는 인간이 속죄할 수밖에 없고 신이라고 해도 인간이 인간에게 범한 죄를 속죄할 수 없다'고 단언할 수 있는 자립한 인간의 성립을 요구한 일입니다.

> 부재하는 신에게 여전히 믿음을 놓을 수 있을 때 그때야말로 인간은 스스로의 약함을 숙지한 성숙한 어른이 되었다고 말할 수 있는 것이다.

저는 레비나스가 아우슈비츠 이후 신을 믿는 것을 그만두려고 한 유대인에게 한 말을 그대로 되풀이하려고 생각합니다.

부재한 '일'에, 부재한 '가족'에게, 부재한 '정의'에, 부재한 '민주주의'에 그래도 여전히 믿음을 놓을 때, 그때야말로 인간은 스스로의 약함을 숙지한 성숙한 어른이 될 수 있을 거라고.

'아저씨'들이여, 잘 들어주시라.

당신들이 믿어온 것, 믿으려고 해온 것은 지금 짓밟히고 버려지려 하고 있습니다. 게다가 그것을 대신하는 것이 보이지도 않은 채.

그것을 그대로 내버려둘 생각인가요.

약육강식의 능력주의 사회는 그렇게 멋진 것인가요.

가족이 각자의 이기적 목표 추구에 열중하게 되고 누구 한 사람 가장에게 경의를 표하지 않고 집단의 질서를 위해 공헌하지 않는 가정은 그렇게 멋진 것인가요.

폭력을 휘두르는 자는 아무리 정의를 체현하고 대의명분을 내세운다고 해도 일말의 꺼림칙함을 느껴야 한다는 것은 그토록 세상물정을 모르는 주장인가요.

민주주의는 '보다 나은 선택지로 열려 있음'을 보증한다는 점에서 아무리 '완벽'한 정치 체제보다 '낫다'고 믿는 것이 그렇게 소박한 생각인가요. '올바른 아저씨들'이 지금까지 믿어 온 것, 확실히 그것은 충분히 설득적이지 않았고 역사적 풍설에도 견디지 못했습니다. 하지만 그것을 버린 후 대체 무엇을 믿을 수 있을까요. 아무리 취약한 모럴이라고 해도 '아저씨'들이 가진 돈을 다 걸 수 있는 어떤 모럴이 달리 있다고 할 수 있을까요.

어떤 모럴의 가치는 그 내부에 자존하는 것이 아닙니다. 그것에 걸린 판돈의 총액이 모럴의 시장 가치를 형성하는 것입니다.

그렇다면 다시 한번 '부재한 모럴'에 판돈을 걸어보지 않겠습니까.

그것이 이 작은 저서를 통해 내가 '일본의 올바른 아저씨들'에게 보내는 연대의 인사입니다.

이 책의 구성에 대해 간단히 말해둡니다.

제4장 「'어른'이 된다는 것 — 나츠메 소세키의 경우」는 쇼분샤의 웹사이트에 연재한 원고를 가필하고 수정한 것입니다.

'아저씨적 에토스'의 연원을 메이지 초년부터 다이쇼에 걸쳐 찾고 현대에 이르는 그 역사적 성숙의 흔적을 더듬는다는 사상사적 대저가 될 터였지만, 구상은 나츠메 소세키를 쓴 제1장이라는 단계에서 좌절했습니다(쓸 수 없어서가 아니라 지나치게 써버렸던 것입니다). 어쩔 수 없이 그 소세키론만을 독립시켜 이 책에 싣기로 했습니다.

저는 일본 문학 전공자가 아니어서 현재의 소세키 연구 동향에 어둡지만, 소세키의 '아저씨적 에토스'가 페미니스트에게 비판당하는 일은 있어도, 그것이 '무에서 창조된' 근대 일본인의 이념형이고 소세키의 모델을 귀추적abductive으로 참조하며 다이쇼 이후의 일본인 남성은 자기 형성을 이루었다는 사실을 '절찬하는' 비평이라는 것은 상당히 드문 것이 아닐까싶습니다.

제1~3장은 모두 저의 홈페이지에 게재된 에세이나 일기 등의 짧은 글에서 안도 씨가 골라낸 것입니다. 어떤 기준으로 골랐는지 저 자신에게도 설명할 수 없는 텍스트도 포함되어 있습니다. 이런 앤솔로지의 경우 그 책의 성격을 결정하는 것은 원저자보다도 오히려 텍스트를 골라낸 편집자입니다. 저는 '식재료'를 제공했을 뿐이고 편집자가 그것을 '요리'하고 '상을 차린' 것입니다. 그런 의미에서 이 책은 '우치다 타츠루가 쓴 책'

임과 동시에 '안도 사토시 씨가 만든 책'이기도 합니다.

처음에 발표한 그대로는 반복이 많다거나 앞뒤 문맥을 알 수 없는 것도 여기저기 보여서 다시 수록할 때는 전편을 대폭 삭제하고 가필했습니다. 또한 상당히 오래된 글도 포함되어 있기 때문에 '대체 언제 이야기지?' 하고 당혹스러운 화제도 있겠지만, 고찰의 계기가 되는 사건은 날짜와 그다지 관계없기 때문에 상관없을 것입니다. 너무 신경 쓰지 말아 주세요.

마지막으로 이 책의 기획을 열심히 진행해준 쇼분샤의 안도 사토시 씨와 다양한 단문을 쓸 계기를 제공해준 친구, 동료, 그리고 수업을 듣는 학생들에게 진심으로 감사하다는 말을 전합니다.

2002년 2월
우치다 타츠루

문고판 후기

안녕하세요. 우치다 타츠루입니다.

『어른이 된다는 것』 문고판을 사주셔서 감사합니다.

이 책은 『망설임의 윤리학』(2001)에 이어 출판된, 저에게는 두 번째 에세이집입니다.

단행본의 '후기'에 쓴 것처럼 『망설임의 윤리학』이 간행된 직후 당시 쇼분샤에 있던 안도 사토시 씨로부터 제안을 받았습니다. 제4장의 소세키론만 새롭게 쓴 것이고 나머지는 블로그 일기 중에서 안도 씨가 골라 편집한 모음집입니다.

그때까지 번역 이외에는 자비로 출판한 공저 두 권을 냈을 뿐이었습니다. 마츠시타 마사미松下正己 씨와의 『영화는 죽었다』(1999)와 나바에 카즈히데難波江和英 씨와의 『현대사상의 퍼포먼스』(2000)입니다. 당연하지만 모두 별로 팔리지 않았습니다.(다행히 『현대사상의 퍼포먼스』는 나중에 고분샤光文社가 다시 신서新書로 내주었습니다만). 첫 단독 저서인 『망설임의 윤리학』도 도큐샤冬弓舍라는 교토의 작은(회사원이었던 우치우라 토루內浦亨가 주말에만 혼자 하고 있었다) 출판사에서 낸 것입니다. 그러므로 쇼분샤라는 유명 출판사에서 제안을 받았을 때는 상당히 기뻤습니다. 어쨌든 쇼분샤라고 하면 1960년대에 폴 니장의 『아덴 아라비에』나 사빈코프의 『창백한 말』을 냈던 전통 있는 출판사였으니까요.

지금 생각하면 그때의 패기가 '아저씨적 사고(원제)'라는 반시대적인 제목에 반영되었다고 생각합니다.

아시다시피 이런 제목은 그 나름의 출판 실적을 쌓은 사람이 '잠깐 재미로 써봤습니다'라는 것에 붙인다면 모르겠지만, 단독 저서가 아직 두 권밖에 없는 신출내기 저자에게는 일반적으로 허락되는 것이 아닙니다. 그런데도 굳이 그런 제목을 붙인 것은 '나는 쓰고 싶은 것밖에 쓰지 않으니까'라는 조금 강한 태도를 일찌감치 확실히 드러내야 한다고 생각했기 때문입니다. '이런 일은 한번 우습게 보이면 끝장'이라는 대단한 기세가 왠지 모르게 이 제목에도, 수록된 글에도 스며들어 있습니다.

제가 경애하는 이타미 주조伊丹十三 씨의 어떤 에세이에 이런 일화가 있습니다. 어느 날 이타미 씨에게 잡지사에서 취재가 들어왔습니다. 인터뷰가 끝나고 사진을 찍게 되었는데 그때 이타미 씨는 선글라스를 끼고 모자를 쓰고 있었습니다. 카메라맨이 "선글라스와 모자를 벗어주시겠습니까?"라고 부탁했습니다. 그러자 이타미 씨는 이렇게 말했다고 합니다. "당신이 그렇게 하라고 한다면 그렇게 합시다. 다만 이타미 주조라는 사람은 이럴 때 이런 선글라스를 끼고 이런 모자를 쓰는 남자라는 것으로 지금까지 밥을 먹어왔습니다. 당신이 그걸 그만두라고 하는 겁니다. 좋습니다, 그만두지요. 하지만 그 대신 앞으로 나와 내 가족을 평생 부양할 각오는 되어 있습니까?"

어렴풋한 기억이라 문면은 부정확하겠지만 아마 그런 취지의 이야기가 쓰여 있었을 겁니다. 적어도 저는 그런 식으로 기억하고 있습니다. 그러므로 출판 제의를 받았을 때 주책없이 저는 존경하는 그 선배를 덩달아 흉내 내기로 했습니다.

저는 '이런 태도'로 지금까지 밥을 먹어왔다, 그러니 이번에도 쓰고 싶은 것만 쓰겠다, 그래서 책이 팔리지 않아도, 편집자들이 어이없어 해도, 두 번 다시 출판할 기회가 찾아오지 않아도 '내 선글라스와 모자'는 벗지 않겠다고 말입니다.

이렇게 생각했던 것입니다.

그런 패기가 이 책 전체의 밑바닥에 흐르고 있습니다. 이것이 일생에 내는 마지막 책일지도 모르기 때문에 마음껏 좋아하는 것만을 쓰게 해달라는 거의 자포자기 같은 패기가 행간에 스며들어 있습니다.

다시 비유를 드는 것이 송구하지만, 그 패기는 토니 셰리던의 녹음 작업에 불려가 〈마이 보니My Bonnie Lies over the Ocean〉의 백 코러스를 하게 되었을 때 존 레논과 폴 매카트니가 '지금이야말로 운명을 걸 때'라며 절규한 기분과도 일맥상통하는 점이 있다고 말할 수 있지 않을까 싶습니다. 그들도 프로듀서로부터 "뭐야, 이 자식들. 리드보컬보다 큰 소리를 지르고 말이야. 이제 쓰지 않겠어"라고 눈총을 받을 수도 있는 위험을 감수했었다고 생각합니다. 하지만 녹음 작업에 불려가는 것도 어쩌면 이것이 마지막 기회일지도 모른다고 생각했기에 그들은 '이 기회에 다른 어떤 밴드도 낼 수 없는 소리를 내지 못하면 밴드를 시작한 보람이 없어'라고 생각했습니다(그야 그 자리에 있었던 게 아니니까 상상이지만).

"여기가 로도스다, 여기서 뛰어라"라는 말이 있습니다(1970년대에는 널리 인구에 회자되었습니다. 그때가 그립네요). 자신의 최고 퍼포먼스를 발휘할 수 있는 조건이 갖춰진 곳이 '여기가 아닌 다른 어딘가'에 있다, 나의 진가는 바로 거기서 전면적으로 개화할 것이다, 그러니 지금 여기서 내가 하는 것에 기초해 내 실력을 판단하면 곤란하다, 하는 것이 '로도스섬에서 크게 도약을 한 남자'의 주장이었습니다. 마르크스는 이솝 이야기를 인용하며 "그런 일은 없다"고 말했습니다. 저도 그렇게 생각합니다. 그런 일은 '없습니다'.

그러므로 우연히 저에게 책을 쓸 기회가 주어진 이상 그것을 '이번 한 번뿐'이라고 생각하는 것, 여기서 쓸 수 없었던 것을 '여기보다 조건이 더 좋은 곳'이라면 쓸 수 있다고 둘러대는 말을 자신에게 허락하지 않는 것, 그것이 제가 경력을 시작할 때 자신에게 부과한 규칙이었습니다.

다행히 편집자인 안도 씨는 "우치다 씨가 좋을 대로 해도 상관없습니다(어차피 무슨 말을 해도 자기가 하고 싶은 것밖에 하지 않을 사람 같으니까)"라고 한 무척 관대한 분이었습니다. 그런 안도 씨의 유연한 지도 덕분에 이런 책이 완성되었습니다. 그런 의미에서 단행본의 후기에도 쓴 것처럼 이 책은 편집자와의 '합작'이라고 저는 생각합니다.

『망설임의 윤리학』과 『어른이 된다는 것』과 『푸코, 바르트, 레비스트로스, 라캉 쉽게 읽기』, 이 세 권의 책에서 저의 대체적인 글쓰기 스타일의 원형이 완성되었습니다. 그 후에 쓴 것은 어느 것이나 그 연장선 위에 있습니다. 그런 점에서도 글을 쓰는 인생의 출발 시점에서 우치우라 씨와 안도 씨와 『푸코, 바르트, 레비스트로스, 라캉 쉽게 읽기』의 편집자 시마즈 히로아키嶋津弘章 씨를 만난 것은 정말 행운이었다고 생각합니다. 문고판으로 만드는 일에 즈음하여 저의 글쓰기 경력의 '첫 일격'을 가해준 관용적인 편집자들에게 새삼 감사하다는 말을 전하고 싶습니다.

마지막으로 문고판을 위한 장정을 부탁한 오랜 친구 야마모토 코지山本浩二, 갑작스러운 부탁에도 흔쾌히 해설을 맡아준 히라마쓰 요코平松洋子 씨에게도 감사드립니다(추기……, 라고 써서 보낸 후 히라마쓰 씨의 '해설'이 와서 읽어봤더니 웬걸 제가 이타미 주조 씨에 대해 했던 이야기가 해설에도 들어 있는 게 아니겠습니까. 제가 어디서도 같은 이야기를 하는 것이 들키고 말았습니다만, 문고판으로 만드는 경사스러운 기회인 점을 봐서 읽어주세요).

이 책을 문고판으로 만들기 위해 여러 가지로 애를 써주신 가도카와출판사의 에자와 노부코江澤伸子 씨에게도 감사하다는 말씀을 드립니다. 여러분, 정말 고맙습니다.

2011년 6월

우치다 타츠루

옮긴이의 말

말귀를 못 알아먹는 사람들이 늘어나는 것 같다. 문해력이 문제가 되는 시대인 것이다. 갈등은 대체로 생각이 다른 데서 기인하는 게 아니라 서로 다른 걸 생각하는 데서 나타나는 것 같다. 지시하는 대상이 같은데도 그 대상에 대한 정보가 전혀 달라서 대상 자체가 다른 것이나 마찬가지라는 말이다. 생각이 다르면 토론이 가능하지만 서로 다른 걸 생각하면 제대로 된 토론은 불가능하다. 지금은 그런 시대인 것이다.

문맥을 떠난 말(글)은 말(글)이 아니다. 그저 무의미한 소리나 기호일 뿐이다. 말과 글은 문맥이 다다.

이상한 사람들의 나쁜 선택이 사회에 항상 나쁜 결과를 초래하는 것은 아니다. 개인적으로도, 나쁜 선택 또는 나쁜 일이 항상 나쁜 결과를 낳는 것은 아니다. 새옹지마나 전화위복이라는 고사가 괜히 있는 게 아니다. 역사적으로 보라는 말이다.

한편 모두에게 좋은 일은 없다. 또한 모두에게 나쁜 일도 없다. 어떤 발전이나 변화도 좋은 점이 있고 나쁜 점이 있다. 나쁜 점이 없는 발전이나 변화란 있을 수 없다. 그러므로 잃게 되는 것, 사라지는 것을 항상 나쁜 것으로만 단정 짓지 말아야 한다. 새로 생기는 것이 좋은 것만이 아니듯 사라지는 것이라도 나쁜 것만 있는 것은 아니다.

어른은 객관적으로 존재하는 것이 아니라 각자가 필요에 의해 만들어내는 추상적인 존재다. 그래서 어른은 결핍을 느끼는 것의 여집합에 속하며 시공을 초월하여 존재한다. 그러니 책을 읽는 것도 그런 어른을 찾아 나서는 여행인 셈이다.

옮긴이 | 송태욱

연세대학교 국어국문학과를 졸업하고 동대학원에서 문학박사 학위를 받았다. 도쿄외국어대학교 연구원을 지냈으며, 현재 연세대학교에서 강의하며 번역을 하고 있다. 지은 책으로 『르네상스인 김승옥』(공저)이 있고, 옮긴 책으로는 하야카와 타다노리의 『신국 일본의 어처구니없는 결전 생활』, 덴도 아라타의 『환희의 아이』, 미야모토 테루의 『환상의 빛』, 오에 겐자부로의 『말의 정의』, 히가시노 게이고의 『사명과 영혼의 경계』, 다니자키 준이치로의 『세설』, 사사키 아타루의 『잘라라, 기도하는 그 손을』, 가라타니 고진의 『일본 정신의 기원』 『트랜스크리틱』 『탐구』, 시오노 나나미의 『십자군 이야기』, 강상중의 『살아야 하는 이유』, 미야자키 하야오의 『책으로 가는 문』 등이 있으며, 나쓰메 소세키 소설 전집을 번역했다.

어른이 된다는 것

초판 1쇄 발행 2021년 8월 20일

지은이 우치다 타츠루
옮긴이 송태욱

펴낸곳 서커스출판상회
주소 경기도 파주시 광인사길 68 202-1호(문발동)
전화번호 031-946-1666
전자우편 rigolo@hanmail.net
출판등록 2015년 1월 2일(제2015-000002호)

ISBN 979-11-87295-60-0 03150